Jean Paul's Sämmtliche Werke: Flegeljahre...

Jean Paul

Nabu Public Domain Reprints:

You are holding a reproduction of an original work published before 1923 that is in the public domain in the United States of America, and possibly other countries. You may freely copy and distribute this work as no entity (individual or corporate) has a copyright on the body of the work. This book may contain prior copyright references, and library stamps (as most of these works were scanned from library copies). These have been scanned and retained as part of the historical artifact.

This book may have occasional imperfections such as missing or blurred pages, poor pictures, errant marks, etc. that were either part of the original artifact, or were introduced by the scanning process. We believe this work is culturally important, and despite the imperfections, have elected to bring it back into print as part of our continuing commitment to the preservation of printed works worldwide. We appreciate your understanding of the imperfections in the preservation process, and hope you enjoy this valuable book.

(RECAP)

PT 2454
.A1
1826
Bd. 26

Flegeljahre.

Eine Biographie
von
Jean Paul.

Erster Theil.

Nro. 1. Bleiglanz.

Testament — das Weinhaus.

So lange Haslau eine Residenz ist, wußte man sich nicht zu erinnern, daß man darin auf etwas mit solcher Neugier gewartet hätte — die Geburt des Erbprinzen ausgenommen — als auf die Eröffnung des Van der Kabelschen Testaments. — Van der Kabel konnte der Haslauer Krösus — und sein Leben eine Münzbelustigung heißen oder eine Goldwäsche unter einem goldnen Regen oder wie sonst der Witz wollte. Sieben noch lebende weitläuftige Anverwandten von sieben verstorbenen weitläuftigen Anverwandten Kabels machten sich zwar einige Hoffnung auf Plätze im Vermächtniß, weil der Krösus ihnen geschworen, ihrer da zu gedenken; aber die Hoffnungen blieben zu matt, weil man ihm nicht sonderlich trauen wollte, da er nicht nur so murrsittlich und uneigennützig überall wirthschaftete — in der Sittlichkeit aber waren die 7 Anverwandten noch Anfänger — sondern auch immer so spöttisch darein griff und mit einem solchen Herzen voll Streiche und Fallstricke, daß sich auf ihn nicht fußen ließ. Das fortstralende Lächeln um seine Schläfe und Wulstlippen und die höhnische Fistelstimme schwächten den guten Eindruck, den sein edel gehautes Gesicht und ein Paar große

Hände, aus denen jeden Tag Neujahrgeschenke und Benefizkomödien und Graziale fielen, hätten machen können; deswegen gab das Zuggevögel den Mann, diesen lebendigen Vogelbeerbaum, worauf es aß und nistete, für eine heimliche Schneus aus und konnte die sichtbaren Beere vor unsichtbaren Haarschlingen kaum sehen.

Zwischen zwei Schlagflüssen hatt' er sein Testament aufgesetzt und dem Magistrate anvertraut. Noch als er den Depozizionschein den 7 Präsumtiverben halbsterbend übergab: sagt' er mit altem Tone, er wolle nicht hoffen, daß dieses Zeichen seines Ablebens gesetzte Männer niederschlage, die er sich viel lieber als lachende Erben denke, denn als weinende; und nur einer davon, der kalte Jroniker, der Polizei-Inspector Harprecht erwiederte dem warmen: ihr sämmtlicher Antheil an einem solchen Verluste stehe wol nicht in ihrer Gewalt.

Endlich erschienen die 7 Erben mit ihrem Depozizionschein auf dem Rathhause, namentlich der Kirchenrath Glanz, der Polizei-Inspector, der Hofagent Neupeter, der Hoffiskal Knoll, der Buchhändler Pasvogel, der Frühprediger Flachs und Flitte aus Elsaß. Sie drangen bei dem Magistrate auf die vom sel. Kabel insinuirte Charte und die Oeffnung des Testaments ordentlich und geziemend. Der Oberexekutor des letztern war der regierende Bürgermeister selbst, die Unterexecutores der restirende Stadtrath. Sofort wurden Charte und Testament aus der Rathkammer vorgeholt in die Rathstube — sämmtlichen Rath- und Erbherrn herumgezeigt, damit sie das darauf gedruckte Stadtsekret besähen — die auf die Charte geschriebenen Jnsinuazionregistratur vom Stadtschreiber den 7 Erben laut vorgelesen, und ihnen dadurch bekannt gemacht, daß der Selige die Charte dem Magistrate wirklich insinuirt und scrinio rei publicae anvertraut, und daß er am Tage der Insinuazion noch vernünftig gewesen — endlich wurden die sieben Siegel, die er selber darauf gesetzt, ganz befunden. Jetzt konnte das Testament — nachdem der Stadtschreiber wieder über dieses alles eine kurze Registratur abgefasset — in Gottes Namen aufgemacht und vom regierenden Bürgermeister so vorgelesen werden, wie folgt:

Ich Van der Kabel testire 179* den 7. Mai hier in meinem Hause in Haslau in der Hundgasse ohne viele Millionen Worte, ob ich gleich ein deutscher Notarius und ein holländischer Domine gewesen. Doch glaub' ich, werd' ich in der Notariatkunst noch so zu Hause seyn, daß ich als ordentlicher Testator und Erblasser auftreten kann.

Testatoren stellen die bewegenden Ursachen ihrer Testamente voran. Diese sind bei mir, wie gewöhnlich, der selige Hintritt und die Verlassenschaft, welche von vielen gewünscht wird. Ueber Begraben und dergleichen zu reden, ist zu weich und dumm. Das aber, als was Ich übrig bleibe, setze die ewige Sonne droben in einen ihrer grünen Frühlinge, in keinen düstern Winter.

Die milden Gestifte, nach denen Notarien zu fragen haben, mach' ich so, daß ich für drei Tausend hiesige Stadtarmen jeder Stände eben so viele leichte Gulden aussetze, wofür sie an meinem Todes-Tage im künftigen Jahre auf der Gemeinhut, wenn nicht grade das Revüe-Lager da steht, ihres aufschlagen und beziehen, das Geld froh verspeißen, und dann in die Zelte sich kleiden können. Auch vermach' ich allen Schulmeistern unsers Fürstenthums, dem Mann einen Augustd'or, so wie hiesiger Judenschaft meinen Kirchenstand in der Hofkirche. Da ich mein Testament in Klauseln eingetheilt haben will, so ist diese die erste.

2te Klausel.

Allgemein wird Erbsatzung und Enterbung unter die wesentlichsten Testamentstücke gezählt. Dem zu Folge vermach' ich denn dem Hrn. Kirchenrath Glanz, dem Hrn. Hoffiskal Knoll, dem Hrn. Hofagent Peter Neupeter, dem Hrn. Polizeiinspector Harprecht, dem Hrn. Frühprediger Flachs und dem Hrn. Hofbuchhändler Pasvogel und Hrn. Flitten vor der Hand nichts, weniger weil ihnen als den weitläuftigsten Anverwandten keine Trebellianica gebührt, oder weil die meisten selber genug zu vererben haben, als weil ich aus ihrem eigenen Munde weiß, daß sie meine geringe Person lieber haben als mein großes Vermögen, bei welcher ich sie denn lasse, so wenig auch an ihr zu holen ist. — —

Sieben lange Gesichtlängen fuhren hier wie Siebenschläfer auf. Am meisten fand sich der Kirchenrath, ein noch junger, aber durch gesprochene und gedruckte Kanzelreden in ganz Deutschland berühmter Mann, durch solche Stiche beleidigt — dem Elsaßer Flitte entging im Sessionzimmer ein leicht geschnalzter Fluch — Flachsen, dem Frühprediger, wuchs das Kinn zu einem Bart abwärts — mehrere leise Stoßnachrufe an den seligen Kabel; mit Namen Schubjack, Narr, Unchrist u. s. w. konnte der Stadtrath hören. Aber der regierende Bürgermeister Kuhnold winkte mit der Hand, der Hoffiskal und der Buchhändler spannten alle Spring- und Schlagfedern an ihren Gesichtern wie an Fallen wieder an und jener laß fort, obwol mit erzwungenem Ernste.

3te Klausel.

"Ausgenommen, gegenwärtiges Haus in der Hundgasse, als welches nach dieser meiner dritten Klausel ganz so wie es steht und geht, demjenigen von meinen sieben genannten Hrn. Anverwandten anfallen und zugehören soll, welcher in einer halben Stunde (von der Vorlesung der Klausel an gerechnet) früher als die übrigen sechs Nebenbuhler eine oder ein Paar Thränen über mich, seinen dahin gegangenen Onkel, vergießen kann vor einem löblichen Magistrate, der es protokolliert. Bleibt aber alles trocken, so muß das Haus gleichfalls dem Universalerben verfallen, den ich sogleich nennen werde." —

Hier machte der Bürgermeister das Testament zu, merkte an die Bedingung sey wol ungewöhnlich, aber doch nicht gesetzwidrig, sondern das Gericht müsse dem ersten, der weine, das Haus zusprechen, legte seine Uhr auf den Sessiontisch, welche auf 11½ Uhr zeigte und setzte sich ruhig nieder, um als Testamentvollstrecker, so gut wie das ganze Gericht aufzumerken, wer zuerst die begehrten Thränen über den Testator vergösse.

— Daß es, so lange die Erde geht und steht, je auf ihr einen betrübtern und krausern Kongreß gegeben, als diesen von sieben gleichsam zum Weinen vereinigten trocknen Provinzen, kann wol ohne Partheilichkeit nicht angenommen werden. Anfangs wurde noch kostbare Minuten hindurch blos verwirrt, gestaunt und gelächelt, der Kongreß sah sich zu plötzlich in jenen Hund umgesetzt, dem mitten im zornigsten Losrennen der Feind zurief: wart auf! — und der plötzlich auf die Hinterfüße stieg und zähnebleckend aufwartete — vom Verwünschen wurde man zu schnell ins Beweinen emporgerissen.

An reine Rührung konnte — das sah jeder — keiner denken, so im Galopp an Plazregen, an Jagdtaufe der Augen, doch konnte in 26 Minuten etwas geschehen.

Der Kaufmann Neupeter fragte: ob das nicht ein verfluchter Handel und Narrenposse sei für einen verständigen Mann, und verstand sich zu nichts; doch verspürt' er bei dem Gedanken, daß ihm ein Haus auf Einer Zähre in den Beutel schwimmen könnte, sonderbaren Drüsenreiz und sah wie eine kranke Lerche aus, die man mit einem eingeölten Stecknadelknopfe — das Haus war der Knopf — kystirt.

Der Hoffiskal Knol verzog sein Gesicht wie ein armer Handwerkmann, den ein Gesell Sonnabend-Abends bei einem Schusterlicht rasirt und radirt; er war fürchterlich erboßet auf den Mißbrauch des Titels von Testamenten und nahe genug an Thränen des Grimms.

Der listige Buchhändler Pasvogel machte sich sogleich still an die Sache selber und durchging flüchtig alles Rührende, was er theils im Verlage hatte, theils in Kommission; und hoffte etwas zu brauen; noch sah er dabei aus wie ein Hund, der das Brechmittel, das ihm der pariser Hundarzt Demet auf die Nase gestrichen, langsam ableckt; es war durchaus Zeit erforderlich zum Effekt.

Flitte aus Elsaß tanzte grade zu im Sessionzimmer, besah lachend alle Ernste, und schwur, er sey nicht der Reichste unter ihnen, aber, für ganz Straßburg und Elsaß dazu, wär' er nicht im Stande bei einem solchen Spaß zu weinen. —

Zuletzt sah ihn der Polizei-Inspector Harprecht sehr bedeutend an, und versicherte: falls Monsieur etwan hoffe, durch Gelächter aus den sehr bekannten Drüsen, und aus den Meibomischen und der Karunkel und andern die begehrten Tropfen zu erpressen und sich diebisch mit diesem Fensterschweiß zu beschlagen, so wolle er ihn erinnern, daß er damit so wenig gewinnen könne als wenn er die Nase schnäuzen und davon profitiren wollte, indem in letztere, wie bekannt, durch den ductus nasalis mehr aus den Augen fließe, als in jeden Kirchenstuhl hinein unter einer Leichenpredigt. — Aber der Elsaßer versicherte, er lache nur zum Spaß, nicht aus ernstern Absichten.

Der Inspector seiner seits, bekannt mit seinem dephlegmirten Herzen, suchte dadurch etwas Passendes in die Augen zu treiben, daß er mit ihnen sehr starr und weit offen blickte.

Der Frühprediger Flachs sah aus wie ein reitender Betteljude, mit welchem ein Hengst durchgeht; indeß hätt' er mit seinem Herzen, das durch Haus- und Kirchenjammer schon die besten schwülsten Wolken um sich hatte, leicht wie eine Sonne vor elendem Wetter auf der Stelle das nöthigste Wasser aufgezogen, wär' ihm nur nicht das herschiffende Flößhaus immer dazwischen gekommen als ein gar zu erfreulicher Anblick und Damm.

Der Kirchenrath, der seine Natur kannte aus Neujahrs- und Leichenpredigten, und der gewiß wußte, daß er sich selber zuerst erweiche, sobald er nur an andere Erweichungreden halte, stand auf, — da er sich und andere so lang am Trockenseile hängen sah — und sagte mit Würde, jeder, der seine gedruckten Werke gelesen, wisse gewiß, daß er ein Herz im Busen trage, daß so heilige Zeichen, wie Thränen sind, eher zurück zu drängen, um keinem Nebenmenschen damit etwas zu entziehen, als mühsam hervorzureizen nöthig habe aus Nebenbenabsichten. — "Dieß Herz hat sie schon vergossen, aber heimlich, denn Kabel war mein Freund" sagt' er und sah umher.

Mit Vergnügen bemerkte er, daß alle noch so trokken da saßen, wie Korkhölzer; besonders jetzt konnten Krokodille, Hirsche, Elephanten, Hexen, Reben leichter weinen als die Erben, von Glanzen so gestört, und grimmig gemacht. Blos Flachsen schlug's heimlich zu; dieser hielt sich Kabels Wohlthaten und die schlechten Röcke und grauen Haare seiner Zuhörerinnen des Frühgottesdienstes, den Lazarus mit seinen Hunden und seinen eigenen langen Sarg in der Eile vor, ferner das Köpfen so mancher Menschen, Werthers Leiden, ein kleines Schlachtfeld, und sich selber, wie er sich da so erbärmlich um den Testamentartikel in seinen jungen Jahren abquäle und abringe — noch drei Stöße hat er zu thun mit dem Pumpenstiefel, so hatte er sein Wasser und Haus.

"O Kabel, mein Kabel — fuhr Glanz fort, fast vor Freude über nahe Trauerthränen weinend — einst wenn neben deine mit Erde bedeckte Brust voll Liebe auch die meinige zum Vermod" — —

"Ich glaube, meine verehrtesten Herren — sagte Flachs, betrübt aufstehend und überfließend umher sehend — ich weine" — setzte sich darauf nieder, und ließ es vergnügter laufen; er war nun auf dem Trocknen; vor den Akzessitaugen hatt' er Glanzen das Preis-Haus weggefischt, den jetzt seine Anstrengung ungemein verdroß, weil er sich ohne Nutzen den halben Appetit weggesprochen hatte. Die Rührung Flachsens wurde zu Protokoll gebracht und ihm das Haus in der

Hundgasse auf immer zugeschlagen. Der Bürgermeister gönnt' es dem armen Teufel von Herzen; es war das erstemal im Fürstenthum Haßlau, daß Schul- und Kirchenlehrers Thränen sich, nicht wie die der Heliaden in leichten Bernstein, der ein Insekt einschließet, sondern, wie die der Göttin Freia, in Gold verwandelten. Glanz gratulierte Flachsen sehr, und machte ihm froh bemerklich, vielleicht hab' er selber ihn rühren helfen. Die übrigen trennten sich, durch ihre Scheidung auf dem trocknen Weg von der Flachsischen auf dem nassen sichtbar, blieben aber noch auf das restierende Testament erpicht.

Nun wurd' es weiter verlesen.

4te Klausel.

Von jeher habe ich zu einem Universalerben meiner Activa — also meines Gartens vor dem Schafthore, meines Wäldleins auf dem Berge und der 11,000 Georgd'or in der Südseehandlung in Berlin, und endlich der beiden Frohnbauern im Dorf Elterlein und der dazu gehörigen Grundstücken — sehr viel gefodert, viel leibliche Armuth und geistlichen Reichthum. Endlich habe ich in meiner letzten Krankheit in Elterlein ein solches Subjekt aufgetrieben. Ich glaubte nicht, daß es in einem Dutzend- und Taschenfürstenthümlein einen blutarmen grundguten herzlich frohen Menschen gebe, der vielleicht unter allen, die je den Menschen geliebt, es am stärksten thut. Er hat einmal zu mir ein Paar Worte gesagt, und zweimal im Dunkeln eine That gethan, daß ich nun auf den Jüngling baue, fast auf ewig. Ja ich weiß, dieses Universalerben thät' ihm sogar wehe, wenn er nicht arme Eltern hätte. Ob er gleich ein juristischer

Kandidat ist, so ist er doch kindlich, ohne Falsch, rein, naiv und zart, ordentlich ein frommer Jüngling aus der alten Väterzeit und hat dreißigmal mehr Kopf als er denkt. Nur hat er das Böse, daß er erstlich ein etwas elastischer Poet ist, und daß er zweitens, wie viele Staaten von einer Bekanntschaft bei Sittenanstalten gern das Pulver auf die Kugel lädt, auch am Stundenzeiger schiebt, um den Minutenzeiger zu drehen. Es ist nicht glaublich, daß er je eine Studenten-Mausfalle aufstellen lernt; und wie gewiß ihm ein Reisekoffer, den man ihm abgeschnitten, auf ewig aus den Händen wäre, erhellet daraus, daß er durchaus nicht zu spezifiziren wüßte, was darin gewesen und wie er ausgesehen.

Dieser Universalerbe ist der Schulzen Sohn in Elterlein, Namens Gottwalt Peter Harnisch, ein recht feines, blondes, liebes Bürschchen. — —

* * *

Die 7 Präsumtiverben wollten fragen und außer sich seyn; aber sie mußten forthören.

5te Klausel.

Allein er hat Nüsse vorher aufzubeißen. Bekanntlich erbte ich seine Erbschaft selber erst von meinem unvergeßlichen Adoptivvater Van der Kabel in Broeck im Waterland, dem ich fast nichts dafür geben konnte als zwei elende Worte, Friedrich Richter, meinen Namen. Harnisch soll sie wieder erben, wenn er mein Leben, wie folgt, wieder nach- und durchlebt.

6te Klausel.

Spaßhaft und leicht mag's dem leichten poetischen Hospes dünken, wenn er hört, daß ich deshalb bloß fodere und verordne, er soll — denn alles das leb' ich eben selber durch, nur länger — weiter nichts thun als:

a) Einen Tag lang Klavierstimmer seyn — ferner
b) Einen Monat lang mein Gärtchen als Obergärtner bestellen — ferner
c) Ein Vierteljahr Notarius — ferner
d) so lange bei einem Jäger seyn, bis er einen Hasen erlegt, es dauere nun 2 Stunden oder 2 Jahre. —
e) Er soll als Corrector 12 Bogen gut durchsehen. —
f) Er soll eine Buchhändlerische Meßwoche mit Hrn. Pasvogel beziehen, wenn dieser will. —
g) Er soll bei jedem der Hrn. Akzessiterben eine Woche lang wohnen (der Erbe müßt' es sich denn verbitten) und alle Wünsche des zeitigen Miethherren, die sich mit der Ehre vertragen, gut erfüllen. —
h) Er soll ein Paar Wochen lang auf dem Lande Schul halten — endlich
i) soll er ein Pfarrer werden; dann erhält er mit der Vokazion die Erbschaft. Das sind seine neun Erbämter.

7te Klausel.

Spaßhaft, sagt' ich in der vorigen, wird ihm das vorkommen, besonders da ich ihm verstattete, meine Lebens-Rollen zu versetzen, und z. B. früher die Schulstube als die Messe zu beziehen — blos mit dem Pfarrer muß er schließen; — aber, Freund Harnisch, dem Testament bieg ich zu jeder Rolle einen versiegelten Regulier-Tarif, genannt die geheimen Artikel bei, worin ich Euch in den Fällen, wo Ihr das Pulver auf die Kugel ladet, z. B. in Notariatinstrumenten, kurz gerade für eben die Fehler, die ich sonst selber begangen;

entweder um einen Abzug von der Erbschaft abstrafe, oder mit dem Aufschube ihrer Auslieferung. Seyd klug, Poet, und bedenkt Euren Vater, der so manchem Edelmann im — a — n gleicht, dessen Vermögen wie das eines russischen zwar in Bauern besteht, aber doch nur in einem einzigen, welches er selber ist. Bedenkt Euren vagabunden Bruder, der vielleicht, eh' Ihrs denkt, aus seinen Wanderjahren mit einem halben Rocke vor Eure Thüre kommen und sagen kann: "Hast du nichts Altes für deinen Bruder? Sieh' diese Schuhe an!" — Habt also Einsichten, Universalerbe!

8te Klausel.

Den H. Kirchenrath Glanz und alle bis zu Hrn. Buchhändler Pasvogel und Flitte (inclusive) mach' ich aufmerksam darauf, wie schwer Harnisch die ganze Erbschaft erobern wird, wenn sie auch nichts erwägen als das einzige hier an den Rand genähte Blatt, worauf der Poet flüchtig einen Lieblingwunsch ausgemalt, nämlich den, Pfarrer in Schweden zu werden. (Herr Bürgermeister Kuhnold fragte hier, ob ers mit lesen solle; aber alle schnappten nach mehreren Klauseln und er fuhr fort). Meine T. H. Anverwandten fleh' ich daher — wofür ich freilich wenig thue, wenn ich nur zu einiger Erkenntlichkeit ihnen zu gleichen Theilen hier so wol jährlich zehn Prozent aller Kapitalien als die Nutznießung meines Immobilarvermögens, wie es auch heiße, so lange zuspreche, als besagter Harnisch noch nicht die Erbschaft nach der sechsten Klausel hat antreten können — solche fleh' ich als ein Christ die Christen an, gleichsam als 7 Weise dem jungen möglichen Universalerben scharf aufzupassen, und ihm nicht den kleinsten Fehltritt, womit er den Aufschub oder Abzug der Erbschaft verschulden mag, unbemerkt nachzusehen, sondern vielmehr jeden gerichtlich zu bescheinigen. Das kann den leichten Poeten vorwärts bringen, und ihn schleifen und abwetzen. Wenn es wahr ist, ihr sieben Verwandten, daß Ihr nur meine Person geliebt, so zeigt es dadurch, daß Ihr das Ebenbild derselben recht schüttelt (den Nutzen hat das Ebenbild), und ordentlich, obwol christlich, chikaniert und vexirt, und sein Regen= und Siebengestirn seyd und seine böse Sieben. Muß er recht büßen, nämlich passen, desto ersprießlicher für ihn und für Euch.

9te Klausel.

Ritte der Teufel meinen Universalerben so, daß er die Ehe bräche, so verlör' er die Viertels=Erbschaft — sie fiele den sieben Anverwandten heim; — ein Sechstel aber nur, wenn er ein Mädchen verführte. — Tagreisen und Sitzen im Kerker können nicht zur Erwerbzeit der Erbschaft geschlagen werden, wol aber liegen auf dem Kranken= und Todtenbette.

10te Klausel.

Stirbt der junge Harnisch innerhalb 20 Jahren, so verfällt die Erbschaft den hiesigen corporibus piis. Ist er als christlicher Kandidat examinirt und bestanden: so zieht er, bis man ihn vozirt, zehn p. c. mit den übrigen Hrn. Erben, damit er nicht verhungere.

11te Klausel.

Harnisch muß an Eidesstatt geloben, nichts auf die künftige Erbschaft zu borgen.

12te Klausel.

Es ist nur mein letzter Wunsch, obwol nicht eben mein letzter Wille, daß wie ich den Van der Kabelschen Namen, er so den Richterschen bei Antritt der Erbschaft annehme und fortführe; es kommt aber sehr auf seine Eltern an.

13te Klausel.

Ließe sich ein habiler dazu gesattelter Schriftsteller von Gaben auftreiben und gewinnen, der in Bibliotheken wohl gelitten wäre: so soll man dem venerabeln Mann den Antrag thun, die Geschichte und Erwerbzeit meines möglichen Universalerben und Adoptivsohnes, so gut er kann, zu schreiben. Das wird nicht nur diesem, sondern auch dem Erblasser — weil er auf allen Blättern vorkommt — Ansehen geben. Der treffliche, mir zur Zeit noch unbekannte, Historiker aber nehme von mir als schwaches Andenken für jedes Kapitel Eine Nummer aus meinem Kunst- und Naturalienkabinet an. Man soll den Mann reichlich mit Notizen versorgen.

14te Klausel.

Schlägt aber Harnisch die ganze Erbschaft aus, so ists so viel als hätt' er zugleich die Ehe gebrochen, und wäre Todes verfahren; und die 9te und 10te Klausel treten mit vollen Kräften ein.

15te Klausel.

Zu Exekutoren des Testaments ernenn' ich dieselben hochedeln Personen, denen oblatio testamenti geschehen indeß ist der regierende Bürgermeister, Hr. Kuhnold, der Obervollstrecker. Nur er allein eröffnet stets denjenigen unter den geheimen Artikeln des Reguliertarifs vorher, welcher für das jedesmalige gerade von Harnisch gewählte Erbamt überschrieben ist. — In diesem Tarif ist es auf das genaueste bestimmt, wie viel Harnischen z. B. für das Notarius werden beizuschießen ist — denn was hat er? — und wie viel jedem Akzessit-Erben zugeben, der gerade ins Erbamt verwickelt ist, z. B. Hrn. Pasvogel für die Buchhändler-Woche, oder für 7tägigen Hauszins. Man wird allgemein zufrieden seyn.

16te Klausel.

Folioseite 276 seiner vierten Auflage fodert Volkmannus emendatus von Erblassern die providentia oder "zeitige Fürsehung," so daß ich also in dieser Klausel festzusetzen habe, daß jeder der sieben Akzessiterben oder alle, die mein Testament gerichtlich anzufechten oder zu rumpieren suchen, während des Prozesses keinen Heller Zinsen erhalten, als welche den andern oder — streiten sie alle — dem Universalerben zufließen.

17te und letzte Klausel.

Ein jeder Wille darf toll und halb und weder gehauen noch gestochen seyn, nur aber der letzte nicht, sondern dieser muß, um sich zum zweiten- dritten- viertenmal zu ründen, also konzentrisch, wie überall bei den Juristen, zur Clausula salutaris, zur donatio mortis caussa und zur reservatio ambulatoriae voluntatis greifen. So will ich denn hiermit dazu gegriffen haben, mit kurzen und vorigen Worten. — Weiter brauch' ich mich der Welt nicht aufzuthun, vor der geben kann, besonders da ich vielleicht mit dem sel. Van der Kabel, sonst Richter, selber verwandt bin. Das Werk — um nur einiges vorauszusagen — soll alles befassen, was man in Bibliotheken viel zu zerstreut antrifft: denn es soll ein kleiner Supplementband zum Buche der Natur werden und ein Vorbericht und Bogen A. zum Buche der Seligen. —

Dienstboten, angehenden Knaben und erwachsenen Töchtern wie auch Landmänner und Fürsten werden darin die Collegia conduitica gelesen. —

Ein Stylisticum lieset das Ganze. —

Für den Geschmack der fernsten, selber der geschmacklosesten Völker wird darin gesorgt; die Nachwelt soll darin ihre Rechnung nicht mehr finden, als Mit- und Vorwelt.

Ich berühre darin die Vaccine, — den Buch- und Wollenhandel — die Monatschriftsteller — Schellings magnetische Metapher oder Doppelsystem — — die neuen Territorialpfähle — die Schwänzelpfennige — die Feldmäuse sammt den Fichtenrauben — und Bonaparten, das berühr' ich, freilich flüchtig als Poet.

Ueber das Weimarsche Theater äußer' ich meine Gedanken, auch über das nicht kleinere der Welt und des Lebens. —

Wahrer Scherz und wahre Religion kommen hinein, obwol diese jetzt so selten ist, als ein Fluch in Herrenhut oder ein Bart am Hof. —

Böse Karaktere, so mir der hochedle Rath hoffentlich zufertigt, werden tapfer gehandhabt, doch ohne Persönlichkeiten und Anzüglichkeiten; denn schwarze Herzen und schwarze Augen sind ja — näher in letztere gefasset — nur braun; und ein Halbgott und ein Halbvieh können sehr gut dieselbe zweite Hälfte haben, nämlich die menschliche — und darf die Peitsche wol so dick seyn als die Haut? —

Trockne Rezensenten werden ergriffen, und (unter Einschränkung) durch Erinnerungen an ihre goldne Jugend und an so manchen Verlust bis zu Thränen gerührt, wie man mürbe Reliquien ausstellt, damit es regne. —

Ueber das siebzehnte Jahrhundert wird frei gesprochen, und über das achtzehnte human, über das neueste wird gedacht, aber sehr frei. —

Das Schaf, das eine Chrestomathie oder Jean Pauls Geist aus meinen Werken auszog mit den Zähnen, bekommt aus jedem Bande einen Band zu extrahiren, in die Hand, so daß besagtes gar keine Auslese, sondern nur eine Abschrift zu machen braucht, sammt den einfältigsten Noten und Präfazionen. —

Gleich dem Noth- und Hülfs-Büchlein muß das Buch Arzneimit , Rathschläge, Karaktere, Dialogen und Historien liefern; aber so viele, daß es jenem Noth-Büchlein könnte beigebunden werden als Hülfbuch, als weitläuftiger Auszug und Anhang, weil jedes Werk der Darstellung so gut aus einem Spiegel in eine Brille muß umzuschleifen seyn, als venezianische Spiegelscherben zu wirklichen Brillengläsern genommen werden. —

In jeden Druckfehler soll sich Verstand verstecken und in die Errata Wahrheiten. —

Täglich wird das Werkchen höher klettern, aus Lesebibliotheken in Leihbibliotheken, aus diesen in Rathbibliotheken, die schönsten Ehren- und Parade-Betten und Witwensitze der Musen. — —

Aber ich kann leichter halten als versprechen. Denn ein Opus wirds. . . .

O hochedler Stadtrath! Exekutoren des Testaments! sollt' es mir einst vergönnt werden, in meinem Alter alle Bände der Flegeljahre ganz fertig abgedruckt in hohen aus Tübingen abgeschickten Ballen um mich stehen zu sehen — —

Bis dahin aber erharr' ich mit sonderbarer Hochachtung

Ew. Wohlgeb.

                                                            ꝛc. ꝛc. ꝛc.

Koburg den 6. Juny   J. P. F. Richter
1803.   Legaz.

Die im Briefe an die Exekutoren versprochene Kopie desselben für den Leser ist wol jetzt nicht mehr nöthig, da er ihn eben gelesen. Auf ähnliche Weise setzen uneigennützige Advokaten in ihren Kostenzetteln nur das Macherlohn für die Zettel selber an, setzen aber nachher, wiewol sie ins Unendliche fortkönnten, nichts weiter für das Ansetzen des Ansetzens an.

Ob aber der Verfasser der Flegeljahre nicht noch viel nähere historische Leithämmel und Leithunde zu einer so wichtigen Geschichte vorzutreiben und zu verwenden habe als blos einen trefflichen Stadtrath; und wer besonders sein herrlichster Hund und Hammel darunter sey — darüber würde man jetzt die Leser mit dem größten Vergnügen beruhigen, wenn man sich überzeugen könnte, es sey sachdienlich, es sey prudentis.

Nro. 3.   Terra miraculosa Saxoniae.

Die Akzessit-Erben. — der schwedische Pfarrer.

Nach Ablesung des Testaments verwunderten sich die sieben Erben unbeschreiblich auf sieben Weisen im Gesicht. Viele sagten gar nichts. Alle fragten, wer von ihnen den jungen Burschen kenne, ausgenommen der Hoffiskal Knol, derselbe gefragt wurde, weil er in Elterlein Gerichthalter eines polnischen Generals war. "Es sey nichts besonders am jungen Haeredipeta, versetzte Knol, sein Vater aber wollte den Juristen spielen und sey ihm und der Welt schuldig." — Vergeblich umrangen die Erben den einsylbigen Fiskal, eben so Raths- als neubegierig.

Er erbat sich vom Gerichte eine Kopie des Testaments und Inventars, andere vornehmen Erben wandten gleichfalls die Kopialien auf. Der Bürgermeister erklärte den Erben, man werde den jungen Menschen und seinen Vater auf den Sonnabend vorbescheiden. Knol erwiederte: "da er übermorgen, das heißet den 13ten hujus, nämlich Donnerstags in Gerichtgeschäften nach seiner Gerichthalterei Elterlein gehe: so sey er im Stande, dem jungen Peter Gottwalt Harnisch die Zitazion zu insinuiren." Es wurde bewilligt.

Jetzt suchte der Kirchenrath Glanz nur auf eine kurze Lese-Minute um das Blättchen nach, worauf Harnisch den Wunsch einer schwedischen Pfarrei sollte ausgemalet haben. Er bekams. Drei Schritte hinter ihm stand der Buchhändler Pasvogel, und las schnell die Seite zweimal herunter, eh' sie der Kirchenrath umkehrte; zuletzt stellten sich alle Erben hinter ihn, er sah sich um und sagte, es sey wol besser, wenn ers gar vorlese:

„Das Glück eines schwedischen Pfarrers."

So will ich mir denn diese Worte ohne allen Rückhalt recht groß hermalen, und mich selber unter dem Pfarrer meinen, damit mich die Schilderung, wenn ich sie nach einem Jahre wieder überlese, ganz besonders auswärme. Schon ein Pfarrer an sich ist selig, geschweige in Schweden. Er genießet da Sommer und Winter rein, ohne lange verdrüßliche Unterbrechungen, z. B. in seinen späten Frühling fällt statt des Nachwinters sogleich der ganze reife Vorsommer ein, weißroth und Blüthenschwer, so daß man in einer Sommernacht das halbe Italien und in einer Winternacht die halbe zweite Welt haben kann.

Ich will aber bei dem Winter anfangen und das Christfest nehmen.

Der Pfarrer, der aus Deutschland, aus Haslau in ein sehr nördlich-polarisches Dörflein vozirt worden, steht heiter um 7 Uhr auf, und brennt bis 9½ Uhr sein dünnes Licht. Noch um 9 Uhr scheinen Sterne, der helle Mond noch länger. Aber dieses Hereinlangen des Sternen-Himmels in den Vormittag gibt ihm liebe Empfindungen, weil er ein Deutscher ist, und über einen gestirnten Vormittag erstaunt. Ich sehe den Pfarrer und andere Kirchengänger mit Laternen in die Kirche gehen; die vielen Lichterchen machen die Gemeinde zu einer Familie und setzen den Pfarrer in seine Kinderjahre in die Winterstunden und Weihnachtmetten zurück, wo jeder sein Lichtchen mit hatte. Auf der Kanzel sagt er seinen lieben Zuhörern lauter Sachen vor, deren Worte gerade so in der Bibel stehen; vor Gott bleibt doch keine Vernunft venünftig, aber wol ein redliches Gemüth. Darauf theilt er mit heimlicher Freude über die Gelegenheit jeder Person so nahe ins Gesicht zu sehen, und ihr wie einem Kinde, Trank und Speise einzugeben, das heil. Nachtmahl aus, und genießet es jeden Sonntag selber mit, weil er sich nach dem nahen Liebemahl in den Händen ja sehnen muß. Ich glaube, es müßt' ihm erlaubt seyn."

Hier sah der Kirchenrath mit einem fragenden Rügeblick unter den Zuhörern umher, und Flachs nickte mit dem Kopfe; er hatte aber wenig vernommen, sondern nur an sein Haus gedacht.

"Wenn er dann mit den Seinigen aus der Kirche tritt, geht grade die helle Christ= und Morgensonne auf, und leuchtet ihnen allen ins Gesicht entgegen. Die vielen schwedischen Greise werden ordentlich jung vom Sonnenroth gefärbt. Der Pfarrer könnte dann, wenn er auf die todte Muttererde und den Gottesacker hinsähe, worin die Blumen wie die Menschen begraben liegen, wol diesen Polymeter dichten:

Auf der todten Mutter ruhen die todten Kinder in dunkler Stille. Endlich erscheint die ewige Sonne, und die Mutter steh wieder blühend auf, aber später alle ihre Kinder.

Zu Hause lezt ihn ein warmes Museum sammt einem langen Sonnenstreif an der Bücherwand.

Den Nachmittag verbringt er schön, weil er vor einem ganzen Blumengestelle von Freuden kaum weiß, wo er anhalten soll. Ists am heil. Christfest, so predigt er wieder vom schönen Morgenlande oder von der Ewigkeit; dabei wirds ganz dämmernd im Tempel; nur zwei Altarkerzen werfen wunderbare lange Schatten umher durch die Kirche; der oben herabhängende Taufengel belebt sich ordentlich und fliegt beinahe; draußen scheinen die Sterne oder der Mond herein — der feurige Pfarrer oben im Finstern auf seiner Kanzel bekümmert sich nun um nichts, sondern donnert aus der Nacht herab, mit Thränen und Stürmen, von Welten und Himmeln und allem, was Brust und Herz gewaltig bewegt.

Kommt er flammend herunter: so kann er um 4 Uhr vielleicht schon unter einem Himmel wallenden Nordschein spazieren gehen, der für ihn gewiß eine aus dem ewigen Südmorgen herüberschlagende Aurora ist, oder ein Wald aus heiligen feurigen Mosis Büschen um Gottes Thron.

Ists ein andrer Nachmittag, so fahren Gäste mit erwachsenen Töchtern von Betragen an; wie die große Welt, diniert er mit ihnen bei Sonnenuntergang um 2 Uhr, und trinkt den Kaffe bei Mondschein, das ganze Pfarrhaus ist ein dämmernder Zauberpallast. — Oder er geht auch hinüber zum Schulmeister in die Nachmittagschule, und hat alle Kinder seiner Pfarrkinder gleichsam als Enkel bei Licht um sein Großvater=Knie, und ergötzet und belehret sie. —

Ist aber das alles nicht: so kann er ja schon von drei Uhr an in der warmen Dämmerung durch den starken Mondschein in der Stube auf und ab watten und etwas Dragenzucker dazu beißen, um das schöne Welschland mit seinen Gärten auf die Zunge und vor alle Sinne zu bekommen. Kann er nicht bei dem Monde denken, daß dieselbe Silberscheibe jetzt in Italien zwischen Lorbeerbäumen hange? Kann er nicht erwägen, daß die Aeolsharfe und die Lerche und die ganze Musik und die Sterne und die Kinder in heißen und kalten Ländern dieselben sind? Wenn nun gar die reitende Post, die aus Italien kommt, durchs Dorf bläset und ihm auf wenigen Tönen blumige Länder an das gefrorne Museumfenster hebt: wenn er alte Rosen- und Lilienblätter aus dem vorigen Sommer in die Hand nimmt, wol auch eine geschenkte Schwanzfeder von einem Paradiesvogel; wenn dabei die prächtigen Klänge Saatzeit, Kirschenzeit, Trinitatissonntage, Rosenblüthe, Marientage das Herz anrühren: so wird er kaum mehr wissen, daß er in Schweden ist, wenn Licht gebracht wird, und er verduzt die fremde Stube ansieht. Will ers noch weiter treiben, so kann er sich daran ein Wachskerzenendchen anzünden, um den ganzen Abend in die große Welt hinein zu sehen, aus der ers her hat. Denn ich sollte glauben, daß am Stockholmer Hofe wie anderwärts, von den Hofbedienten Endchen von Wachskerzen, die auf Silber gebrannt hatten, für Geld zu haben wären.

Aber nun nach Verlaufe eines halben Jahres klopft auf einmal etwas schöners als Italien, wo die Sonne viel früher als in Haslau untergeht, nämlich der herrlich beladne längste Tag an seine Brust an, und hält die Morgenröthe voll Lerchengesang schon um 1 Uhr Nachts in der Hand. Ein wenig vor 2 Uhr, oder Sonnenaufgang trifft die oben gedachte niedliche, bunte Reihe im Pfarrhause ein, weil sie mit dem Pfarrer eine kleine Lustreise vor hat. Sie ziehen nach 2 Uhr, wenn alle Blumen blitzen und die Wälder schimmern. Die warme Sonne droht kein Gewitter und keinen Platzregen, weil beide selten sind in Schweden. Der Pfarrer geht so gut in schwedischer Tracht einher wie jeder — er trägt sein kurzes Wamms mit breiter Schärpe, sein kurzes Mäntelchen darüber, seinen Rundhut mit wehenden Federn und Schuhe mit hellen Bändern; — natürlich sieht er, wie die andern auch, wie ein spanischer Ritter, wie ein Provenzale oder sonst ein südlicher Mensch aus, zumal da er und die muntere Gesellschaft durch die in wenigen Wochen aus Beeten und Aesten hervorgezogne hohe Blüthen- und Blätterfülle fliegen.

Daß ein solcher längster Tag noch kürzer als ein kürzester verfliege, ist leicht zu denken, bei so viel Sonne, Aether, Blüthe und Muße. Schon nach 8 Uhr Abends bricht die Gesellschaft auf — die Sonne brennt sanfter über den halbgeschlossenen schläfrigen Blumen — um 9 Uhr hat sie ihre Stralen abgenommen, und badet nackt im Blau — gegen 10 Uhr, wo die Gesellschaft im Pfarrdorfe wieder ankommt, wird der Pfarrer seltsam bewegt und weich gemacht, weil im Dorfe, obgleich die tiefe laue Sonne noch ein müdes Roth um die Häuser und an die Scheiben legt, alles schon still und in tiefem Schlafe liegt, so wie auch die Vögel in den gelb-dämmernden Gipfeln schlummern, bis zuletzt die Sonne selber, wie ein Mond, einsam untergeht in der Stille der Welt. Dem romantisch bekleideten Pfarrer ist, als sey jetzt ein rosenfarbenes Reich aufgethan, worin Feen und Geister herum gehen, und ihn würd' es wenig wundern, wenn in dieser goldenen Geisterstunde auf einmal sein in der Kindheit entlaufener Bruder heran träte, wie vom blühenden Zauberhimmel gefallen.

Der Pfarrer läßt aber seine Reisegesellschaft nicht fort, er hält sie im Pfarrgarten fest, wo jeder, wer will, sagt' er, in schönen Lauben die kurze laue Stunde bis zu Sonnenaufgang verschlummern kann.

Es wird allgemein angenommen, und der Garten besetzt; manches schöne Paar thut vielleicht nur, als schlaf' es, hält sich aber wirklich an der Hand. Der glückliche Pfarrer geht einsam in den Beeten auf und ab. Kühle und wenige Sterne kommen. Seine Nachtviolen und Levkoien thun sich auf und duften stark, so hell es auch ist. In Norden raucht vom ewigen Morgen des Pols eine goldhelle Dämmerung auf. Der Pfarrer denkt an sein fernes Kindheitdörfchen und an das Leben und Sehnen der Menschen, und wird still und voll genug. Da greift die frische Morgensonne wieder in die Welt. Mancher, der sie mit der Abendsonne vermengen will, thut die Augen wieder zu; aber die Lerchen erklären alles, und wecken die Lauben.

Dann geht Lust und Morgen gewaltig wieder an; — — und es fehlt wenig, so schilder' ich mir diesen Tag ebenfalls, ob er gleich vom vorigen vielleicht um kein Blüthenblatt verschieden ist.

* * *

Glanz, dessen Gesicht die günstigste Selbstrezenzion seiner geschriebenen Werke war, sah mit einigem Triumphe über ein solches Werk, unter den Erben umher; nur der Polizeiinspektor Harprecht versetzte mit einem ganzen Swift auf dem Gesicht: "Dieser Nebenbuhler kann uns mit seinem Verstande noch zu schaffen machen." Der Hoffiskal Knol und der Hofagent Neupeter und Flitte waren längst aus Ekel vor der Lektüre weg und ans Fenster gegangen, um etwas vernünftiges zu sprechen.

Sie verließen die Gerichtstuben. Unterwegs äusserte der Kaufmann Neupeter:

"Das versteh' ich noch nicht, wie ein so gesetzter Mann als unser seel. Vetter noch am Rande des Grabes solche Schnurren treiben kann." Vielleicht aber — sagte Flachs, der Hausbesitzer, um die andern zu trösten — nimmt der junge Mensch die Erbschaft gar nicht an, wegen der schweren Bedingungen." — Knol fuhr den Hausbesitzer an: "gerade so schwere, wie heute eine. Sehr dumm wärs von ihm und für uns. Denn auch Clausul. IX, Schlägt aber Harnisch fielen ja den corporibus piis drei Viertel zu. Wenn er sie aber antritt und lauter Böcke schießet" —

"Das gebe Gott," sagte Harprecht.

"Schießet, fuhr jener fort, so haben wir doch die Klauseln: Spaßhaft sagt' ich in der vorigen — und Ritte der Teufel — und den Hrn. Kirchenrath Glanz und alle, für uns und können viel thun." Sie erwählten ihn sämmtlich zum Schirmherrn ihrer Rechte — und rühmten sein Gedächtniß. — "Ich erinnere mich noch, sagte der Kirchenrath, daß er nach der Klausel der Erb-Aemter vorher zu einem geistlichen Amte gelangen soll, wie wol er jetzt nur Jurist ist." — — —

"Da wollt' ihr nämlich, versetzte Knol geschwind, Ihr geistlichen Herren und Narren dem Examinanden schon so einheizen, so zwicken — wahrhaftig das glaub' ich" — und der Polizeiinspector fügte bei, er hoffe das selber. Da aber der Kirchenrath, dem beide schon als alte Kanzelstürmer, als Baumschänder kanonischer Haine bekannt waren, noch vergnügt einen Rest von Eßlust verspürte, der ihm zu theuer war, um ihn weg zu disputiren: so suchte er sich nicht recht sonderlich zu ärgern, sondern sah nach.

Man trennte sich. Der Höffiskal begleitete den Hofagenten, dessen Gerichtagent er war, nach Hause, und eröffnete ihm, daß der junge Harnisch schon längst habe — als riech' er etwas vom Testamente, das dergleichen auch fordere — Notarius werden und nachher in die Stadt ziehen wollen, und daß er am Donnerstag nach Elterlein gehe, um ihn dazu zu kreiren. (Knol war Pfalzgraf.) „So mög' er doch machen, bat der Agent, daß der Mensch bei ihm logiere, da er eben ein schlechtes unbrauchbares Dachstübchen für ihn leer habe." — „Sehr leicht," versetzte Knol.

Das erste, was dieser zu Hause und in der ganzen Sache machte, war ein Billet an den alten Schulz in Elterlein, worin er ihm bedeutete, „er werde übermorgen Donnerstags durch und retour passieren, und unterwegs, gegen Abend, seinen Sohn zum Notarius kreiren; auch hab er ein treffliches, aber wohlfeiles Quartier für solchen bei einem vornehmen Freunde bestanden." Vor dem regierenden Bürgermeister hatt' er demnach eine Verabredung, die er jetzt träf, schon für eine getroffene ausgegeben, um wie es scheint, das Macherlohn für einen Notar, das ihm der Testator auszalte, vorher auch von den Eltern zu erheben.

In allen Erzählungen und Aeußerungen blieb er äußerst wahrhaft, so lange sie nur nicht in die Praxis einschlugen; denn alsdann trug er (da Raubthiere nur in der Nacht ziehen) sein nöthiges Stückchen Nacht bei sich, das er entweder aus blauem Dunst verfertigte als Advokat, oder aus arsenikelischen Dämpfen als Fiskal.

Nro. 4. Mammuthknochen aus Astrakan.

Das Zauberprisma.

Der alte beerdigte Kabel war ein Erdbeben unter dem Meere von Haslau, so unruhig liefen die Seelen wie Wellen untereinander, um etwas vom jungen Harnisch zu erfahren. Eine kleine Stadt ist ein großes Haus, die Gassen sind nur Treppen. Mancher junge Herr nahm sogar ein Pferd, und stieg in Elterlein ab, um nur den Erben zu sehen; er war aber immer auf die Berge und Felder gelaufen. Der General Zablocki, der ein Rittergut im Dorfe hatte, beschied seinen Verwalter in die Stadt, um zu fragen. Manche halfen sich damit, daß sie einen eben angekommenen Flötenvirtuosen, Van der Harnisch, für den gleichnamigen Erben nahmen, und davon sprachen; besonders thatens einhörige Leute, die, dabei taub auf dem zweiten Ohre, alles nur mit halbem hörten. Erst Mittwochs Abends — am Dienstag war Testamentöffnung gewesen — bekam die Stadt Licht, in der Vorstadt bei dem Wirth zum weichen Krebs.

Ansehnliche Glieder aus Collegien gossen da gewöhnlich in die Dinte ihres Schreibtages einiges Abendbier, um die schwarze Farbe des Lebens zu verdünnen. Da bei dem weichen Krebswirthe der alte Schultheiß Harnisch seit 20 Jahren einkehrte: so war er im Stande, wenigstens vom Vater ihnen zu erzählen, daß er jede Woche Regierung und Kammer anlaufe mit leeren Fragen, und daß er jedesmal unter vielen Worten die alten Historien von seinem schweren Amte, seinen vielen juristischen Einsichten und Büchern, und seiner "zweiherrigen" Wirthschaft und seinen Zwillingsöhnen Abende lang vorsinge, ohne doch je in seinem Leben mehr dabei zu verzehren als Einen Häring und seinen Krug. — Es führe zwar, fuhr der Wirth fort, der Schulz sehr starke hochtrabende Worte, sey aber ein Hase, der seine Frau schickte bei handfesten Vorfällen, oder er reiche eine lange Schreiberei ein; hab' auch ein zu nobles Naturell, und könne sich über eine krumme Miene zu Tagen kränken, und habe noch unverdauete Nasen, die er im Winter von der Regierung bekommen, im Magen.

Nur von der Hauptsache, beschloß er, von den Söhnen, wiß' er nichts, als daß der eine, der Spitzbube, der Flötenpfeifer Vult im $14^1/_2$ Jahre mit einem solchen Herrn — er zeigte auf Hrn. van der Harnisch — durchgegangen; und vom andern, der der Erbe sey, könne gewiß der Herr unten mit den schwarzen Knopflöchern die beste Auskunft geben, denn es sey der Hr. Kandidat und Schulmeister Schomaker aus Elterlein, sein gewesener Präzeptor.

Der Kandidat Schomaker hatte eben in einem Makulaturbogen einen Druckfehler mit Bleistift korrigiert, eh' er ihn dick um ein halbes Loth Arsenik wickelte. Er antwortete nicht, sondern wickelte wieder weißes Papier über das bedruckte, siegelte es ein und schrieb an alle Ecken: Gift — darauf überwickelte und überschrieb er wieder, und ließ nicht nach, bis er's siebenmal gethan, und ein dickes Oktav-Paquet vor sich hatte.

Jetzt stand er auf, ein breiter, starker Mann, und sagte sehr furchtsam, indem er Kommata und andere Interpunktionen so deutlich im Sprechen absetzte, als jeder im Schreiben: "Ganz wahr, daß er mein Schüler, und hinlänglich, erstlich, daß er so adel ist, zweitens, daß er treffliche Gedichte, nach einem neuen

Metrum, macht, so er den Streckvers nennt, ich einen Polymeter."

Bei diesen Worten fing der Flötenvirtuose van der Harnisch, der bisher kalt die Runde um die Stube gemacht, plötzlich Feuer. Wie andere Virtuosen hatt' er aus großen Städten die Verachtung kleiner mitgebracht, — ein Dorf schätzen sie wieder — weil in kleinen das Rathhaus kein Odeum, die Privathäuser keine Bilderkabinette, die Kirchen keine Antikentempel sind. Er bat verbindlich den Kandidaten um Ausführlichkeit. "Fodert meine Pflicht schon" versetzte dieser, daß ich morgen, bei der Heimkunft, dem Erben selber, die Eröffnung eines Vermächtnisses noch nicht eröffne, weil es erst die Obrigkeit, am Sonnabend, thuet, wie vielmehr, daß ich die ganze Geschichte eines lebenden Menschen, nie ohne seine Erlaubniß, kund thue, wie vielmehr — Aber Gott, wer von uns wird die Leiche seyn!" setzt er dazu, da er die Stundenglocke ins Gebetläuten tönen hörte; und griff sogleich zu einer darneben liegenden Schlacht in der Zeitung, um dreist zu werden, weil wol nichts den Menschen so sehr zum kalten Waghalse gegen sein Todtenbette macht, als ein oder ein Paar Quadratmeilen, worauf unzählige rothe Glieder und ein Tod nach dem andern liegt.

Ueber diesen religiösen Skrupel-Luxus zog der Flötenist ein sehr verächtliches Gesicht und sagte, — indem er ein Prisma aus der Tasche holte und vier Lichter verlangte — verdrüßlich: ich könnte es bald wissen, wer die Leiche seyn wird; aber ich will Ihnen, Hr. Kandidat, lieber alles erzählen aus diesem Zauberprisma, was Sie mir nicht erzählen wollen. "Er sagte, das Prisma verschließe die viererlei Wasser, welche man aus den vier

Weltecken sammle, man reib' es am Herzen warm, fodere leise, was man in der Vergangenheit oder Zukunft zu sehen wünsche, und wenn man vorher etwas vorgenommen, was er ohne Todesgefahr nicht sagen dürfte—daher das Geheimniß immer nur von Sterbenden mitgetheilt werde, oder auch von Selbstmördern — alsdann entstehe in den viererlei Wassern ein Nebel, dieser ringe und arbeite, bis er sich in helle Menschengestalten zusammengezogen, welche nun ihre Vergangenheit wiederholen oder in ihrer Zukunft oder auch Gegenwart spielen, wie man es eben gefodert.

Der Schulmeister Schomaker erhielt sich noch ziemlich gleichgültig und fest gegen das Prisma, weil er wußte, ihm habe, wenn er bete, kein Teufel viel an. Van der Harnisch zog seine Taufdecke aus der Tasche und sie sich über den Kopf, und war darunter rege und leise; endlich hörte man das Wort: Schomakers Stube. Jetzt warf er sie zurück, starrte erschrocken in das Prisma hinein und beschrieb laut und eintönig jede Kleinigkeit, die in dessen stillem Zölibatzimmer war, von einer Druckerpresse an bis auf die Vögel hinter dem Ofen, ja sogar bis auf die Maus, die eben darin umherlief.

Noch immer stiegen dem Kandidaten wenig oder gar keine Haare zu Berge; als aber der Seher sagte:

"irgend ein Geisterschatte in der leeren Stube hat Ihren Schlafrock an und spielt Sie — nach und legt sich in Ihr Bette" so überlief es ihn sehr kalt. Das war etwas Gegenwart von Ihnen, sagte der Virtuose; nun einige wenige Vergangenheit, und dann soviel Zukunft, als man braucht, um zu sehen, ob Sie etwa die dießjährige Leiche werden."

3 *

Umsonst stellte ihm der Kandidat das Unmoralische der Rück= und Vorseherei entgegen; er versetzte, er halte sich ganz an die Geister, die es ausbaden möchten, und fing schon an, im Prisma zu sehen, daß der Kandidat als junger Mensch eine Frühpredigerstelle und eine Ehe ausschlug, bloß aus 11,000 Gewissenskrupeln.

Der Wirth sagte dem gepeinigten Schulmann etwas ins Ohr, wovon das Wort Schlägerei vorklang. Schomaker, der noch mehr seine Zukunft als seine Vergangenheit zu hören mied, schlug auf moralische Unkosten der Geister den Ausweg vor, er wolle selber lieber die Geschichte der jetzt durch Vermächtnisse so interessanten Harnisch'schen Familie geben, H. v. d. Harnisch möge dabei ins Prisma sehen und ihm einhelfen.

Das hatte der quälende Virtuose gewollt. Beide arbeiteten nun mit einander eine kurze Vorgeschichte des Testamentes=Helden aus, welche man um so lieber im **Vogtländischen Marmor mit mäusefahlen Adern** — denn so heißet die folgende Nummer — finden wird, da sich nach so vielen Druckbogen wol jeder sehnt, auf den Helden näher zu stoßen, wärs auch nur im Hintergrunde. Der Verfasser wird dabei die Pflicht beobachten, beide Eutrope zu verschmelzen zu einem Livius und diesen noch dadurch auszuglätten, daß er ihm Patavinitäten ausstreicht und etwas Glanzstyl an.

Nro. 5. Vogtländischer Marmor mit mäusefahlen Adern.

Vorgeschichte.

Der Schultheiß Harnisch — der Vater des Universalerben — hatte sich in seiner Jugend schon zum Maurergesellen aufgeschwungen und wäre bei seinen Anlagen zu Mathematik und Stubensitzen — denn er las Sonntage lang draußen im Reiche — weit gekommen, hätt' er sich nicht an einem frohen Marientage in einem Wirthhause in das Fliegenglas der Werber zu tief verflogen, in die Flasche. Vergeblich wollt' er am andern Morgen aus dem engen Hals wieder heraus; sie hatten ihn fest und darin. Er war unschlüßig, sollt' er hinaus schleichen, und sich in der Küche die Vorderzähne ausschlagen, um keine für die Patronen zum Regimente zu bringen, oder sollt' er lieber — denn es konnt' ihn doch die Artillerie als Stückknecht fassen — vor den Fenstern des Werb- und Wirthhauses einen Dachsschliefer niedermachen, um unehrlich zu werden und dadurch nach damaliger Sitte Kantonfrei. Er zog die Unehrlichkeit und das Gebiß vor. Allein der erlegte Dachs machte ihn zwar aus den Werber-Händen los, aber er biß ihn wie ein Zerberus aus seiner Gewerkschaft aus.

"Nu, nu, sagte Lukas in seinen Land-Bildern, lieber einen Schlitz in dem Strumpf aufgerißen als einen in der Wade zugenäht." — So sehr floh er, wie ein Gelehrter, den Wehrstand.

Damals starb sein Vater, auch Schultheiß; er kam nach Hause und war der Erbe des Hauses wie der Kronerbe des Amts; obwol seine Kronguter in Kronschulden bestanden. In kurzem vermehrte er diese Krongüter beträchtlich. Er warf sich mit Leib und Seele auf das Jus — versaß seine kanonischen Stunden an angeborgten Akten und gekauften Büchern, theilte auf alle Seiten umsonst responsa aus, ganze Bogen und Tagelang — jeden Schulzen=Aktus berichtete er schriftlich, und konzipierte und mundierte das Schreiben mit schöner gebrochener Fraktur und schiefer Kurrent, wobei ers noch für sich selber kopierte — schauete als Schulz überall nach, lief überall hin, und regierte den ganzen Tag. Durch alles dieses blühte wenigstens das Dorf mehr als seine Aecker und Wiesen, und das Amt lebte von ihm, nicht er vom Amte. Er konnte gleich den besten Städtern, die ein gutes Haus machen, sich nun wie die Sorbonne, als das ärmste unterschreiben (pauperrima domus). Alle verständige Elterleiner traten darin einander bei, daß er ohne sein handthierendes Weib — eine gesunde Vernunft in corpore — das an Einem Morgen für Vieh und Menschen kochte, grasete, mähte, längst mit dem Schulzenzepter in der einen Hand und mit dem Bettelstabe in der andern, hätte von seinem regierenden Haus und Hof ziehen müssen, wovon er eigentlich nur der Pächter seiner Gläubiger war.

Nur eine Arzenei gabs für ihn, nämlich den Entschluß das Haus und dadurch die Schultheißerei wegzugeben. Aber er ließ sich eben so gerne köpfen, als er diese Arzenei nur roch, oder einnahm, einen Gifttrunk seiner ganzen Zukunft.

Erstlich war die Dorfschulzenschaft seit undenklichen Zeiten bei seiner Familie gewesen, wie die Regentengeschichte derselben beweiset, sein Jus und Herz hieng daran, ja seine ewige Seligkeit, weil er wußte, daß im ganzen Dorfe kein so guter Jurist für diesen Posten zu finden war als er, wiewol Sachverständige erklärten, es werde zu diesem Posten nicht mehr gefordert als zu einem römischen Kaiser nach der goldne Bulle *), nämlich ein gerechter, guter und brauchbarer Mann. Sein Haus anlangend, so trat vollends folgender frappanter Jammer ein.

Elterlein war zweiherrig; am rechten Bachufer lagen die Lehnmänner des Fürsten, am linken die Einsaßen des Edelmanns; wiewol sie einander im gemeinen Leben nur schlecht die Rechten und die Linken hießen. Nun lief nach allen Flurbüchern und Gränzrezeßen in alten Zeiten die Demarkazionlinie, der Bach, dicht an des Schulzen Hause vorbei. Nachher veränderte der Bach sein Bette oder ein dürrer Sommer nahm ihn gen Himmel; kurz Harnischens Wohnung wurde so weit hinüber gebaut, daß nicht nur Ein Dachstuhl auf zwei Territorien stand, sondern auch Eine Stubendecke, und wenn man ihn hinsetzte, Ein Krüpelstuhl.

Aber so wurde dieses Haus des alten Schulzen juristischer Vorhimmel, so wie zugleich seine kameralistische Vorhölle. Mit unsäglichem Vergnügen sah er oft in seiner Wohnstube — die an der Wand ein fürstlicher Gränz- und Wappenpfahl abmarkte — sich um, und warf publizistische Blicke bald auf Landesherrliche, bald

---
*) Aur. bull. II. r. homo justus, bonus et utilis.

auf Ritterschäftliche Stubenbretter und Gerechtsame und bedachte, daß er Nachts ein Rechter wäre — weil er fürstlich schlief — und nur am Tage ein Linker, weil Tisch und Ofen geadelt waren. Es war seinen Söhnen nichts seltenes, daß er Sonntags vor dem Abenessen, wenn er viel gedacht hatte, mehrmals heiter und hastig den Kopf schüttelte und dabei murmelte: mein Haus ist einem redlichen Iktus*), sag' ich, ordentlich wie auf den Leib gemacht — ein jeder anderer Mann würde die beßten importantesten Gerechtsame und Territorien darin verschleudern, weil er gar nicht der Mann dazu wäre — denn er wäre in der Sache gar nicht zu Hause — und ich alter verständiger Iktus soll heraus, soll's losschlagen, höre Vronel? — Erst nach langer Zeit antwortete er sich selber: "nun und nimmermehr", ohne die Antwort Veronika's, seiner Frau, zu hören.

Freilich wenn er sich täglich gegen seine Gläubiger mehr in die Zitadelle seines Hauses zurückzog und ihnen dabei wie andere Kommendanten die Vorstädte, nämlich das Feld, d. h. die Felder räumte und so gut er konnte, mit dem Hause zugleich seinen Schulzenposten, den Spielraum seiner Kenntnisse, zu versteigern aufschob, statt solchen zu steigern — gleichsam sein schlagendes Herz, den Saitensteg seines lauten Lebens, wenn er das that: so hatt' er noch vier von ihm selber gezeugte Hände im Auge, die ihm helfen und den Steg seiner hellsten Töne und Mistöne wieder stellen sollten; nämlich seine Zwillingsöhne.

---

*) Juristen.

Als Veronika mit diesen niederkommen wollte, hielt' er, als sey sie eine sizilianische oder englische Königin, hinlängliche Geburtzeugen bereit, die nachher sich in Taufzeugen eintheilten. Das Kindbette hatt' er ins ritterschaftliche Territorium geschoben, weil es einen Sohn geben konnte, dem man durch diese Bett'stelle der Bett'stelle den Landesherrlichen Händen entzog, die ihm eine Soldatenbinde umlegen konnten, statt der schon bestimmten Themisbinde. In der That trat auch der Held dieses Werkes, Peter Gottwalt ans Licht.

Aber die Kreisende fuhr fort; der Vater hielt es für Pflicht und Vorsicht, das Bette dem Fürsten zuzuschieben, damit jeder sein Recht bekomme. "Höchstens giebt's ein Mädchen, sagte er, oder was Gott will." Es war keines, sondern das letztere; daher der Knabe nach des Kandidaten Schomakers Uebersetzung den Namen des Bischofs von Karthago unter Geiserich, nämlich Quod Deus vult, oder Vult im Alltagwesen bekam.

Jetzt wurden in der Stube scharfe Markungen, Einhegungen und Theilungtraktate gemacht, Wiegen und alles wurde geschieden. Gottwalt schlief und wachte und trank als Linker, Vult als Rechter; späterhin, als beide ein wenig kriechen konnten, wurde Gottwalten, dem adelichen Sassen, das fürstliche Gebiet durch ein kleines Gitterwerk — das man blos aus Hühner- und andern Ställen auszuheben brauchte — leicht zugesperrt; und eben so sprang der wilde Vult hinter seinem Pfahlwerk, der dadurch fast das Ansehen eines auf- und ablaufenden Leoparden im Käfig gewann.

Erst mit langer Mühe und Strenge schaffte Veronika die lächerliche Ab- und Erbsonderung ab; denn der alte Lukas hatte, wie jeder Gelehrte, eine besondere Härtnackigkeit der Meinungen und bei aller Ehrliebe steifen Kaltsinn gegen das lächerlich werden.

Bald wurde deutlich, daß wissenschaftliche Fächer künftig Gottwalt's Fach seyn würden; ohne alle elterliche Vorliebe war leicht zu bemerken, daß er weißlockig dünnarmig, zartstämmig und, wenn er einen ganzen Sommer Schafhirtlein gewesen, noch schnee= und lilienweis in solchem Grade war, daß der Vater sagte: einen Stiefel woll' er mit einem Eiweißhäutchen, statt Pfundleder ebenso gut besohlen als den Jungen zum Bauersmann einrichten. "Dabei hatte der Knabe ein so gläubiges, verschämtes, überzartes, frommes, gelehriges, träumerisches Wesen, und war zugleich bis zum Lächerlichen so eckig und elastisch= aufspringend, daß zum Verdrusse des Vaters — der sich einen Juristen nachziehen wollte — jedermann im Dorfe, selber der Pfarrer, sagte, er müsse, wie Zäsar, der erste im Dorfe werden, nämlich der Pfarrer. Denn wie? — fragte man — Gottwalt, der blauäugige Blondin mit aschgrauem Haar und feiner Schneehaut, — wie? dieser soll einmal ein Kriminalist werden und unter dem großen Triumphator Carpzow dienen, welcher blos mit seinem Federmesser, wozu er das Themisschwert ausgeschliffen, an zwanzig= tausend Mann niedergehauen? So schickt ihn doch, fuhr man fort, nur versuchsweise mit einem Gerichtsiegel zu einer blassen Wittwe, die mit gefalteten Händen auf dem Sessel sitzt und die schwach und leise ihre Effekten anzeigt, und lasset ihn den Auftrag, unbehindert alle ihre alten Thüren und Schränke und des Mannes letzte Andenken gerichtlich zu verpetschieren, vollziehen und seht zu, ob er's kann, vor Herzklopfen und Mitleiden! —

Aber der jüngere Zwilling, Vu , sagte man in froherem Tone, der schwarzhaarige, pockennarbige, stämmige Spitzbube, der sich mit dem halben Dorfe rauft und immer umher streift, und ein wahres tragbares theatre aux Italiens ist, das jede Physiognomie und Stimme nachspielt — dieser ist ein anderer Mensch, dem gebt Akten unter den Arm, oder einen Schöppenstuhl unter den Steis. Wenn Walt am Fastnachttage in der tanzenden Schulstube den Kandidaten und dessen Geige mit dem Bäßlein unterstützte und mit nichts hüpfte als mit ungemein freudigen Blicken und mit dem Bogen: so sprang Vult zugleich allein tanzend und mit einer Groschenflöte im Maule herum und fand noch Zeit und Glieder zu vielem Schabernack. — Sollen solche Talente nicht für das Jus benutzt werden, Herr Schulz, beschloß man. — —

Sie sollen's, sagt' er. Also Gottwalt wurde auf die **Himmelleiter** gesetzt als zukünftiger Pfarrer und Konsistorialvogel; Vult aber mußte sich die **Grubenleiter** in die delphische Rechthöhle zimmern, damit er ein juristischer **Steiger** würde, von welchem der Schultheiß alle Ausbeuten seiner Zukunft erwartete, und der ihn aus der giftigen Grube ziehen sollte, zugleich mit Gold= und Silbergeäder umwunden, es sey nun, daß der Sohn Prozesse für ihn führte, oder schwere ihm ersparte, oder Gerichthalter im Orte wurde, oder Regierungrath, oder wie es etwa ginge, oder daß er ihm jeden Quatember viel schenkte.

Allein Vult hatte außerdem, daß er bei dem Schulmeister und Kandidaten Schomaker nichts lernen wollte, noch das Verdrüßliche an sich, daß er ewig blies auf einer Batzenflöte, und daß er sich im 14. Jahr bei der

Kirms unten vor die spielende Flötenuhr des Schloſſes hinstellte, um bei ihr, als seiner ersten Lehrerin, wenn nicht Stunden zu nehmen, doch Viertelstunden. — Hier sollte Zeit seyn, das Axiom einzuschichten, daß überhaupt die Menschen mehr in Viertelstunden, als in Stunden gelernt. Kurz, an einem Tage, wo Lukas ihn in die Stadt und unter das Rekrutenmaaß geführt (Scheines und Ordnung halber), lief er mit einem betrunkenen Musikus, der nur noch sein Instrument, aber nicht mehr sich und die Zunge regieren konnte, in die weite breite Welt hinein. Er blieb dann weg.

Jetzt mußte Gottwalt Peter daran, ans Jus. Aber er wollte auf keine Weise. Da er stets las, — was das Volk beten heißet, wie Zizero religio von relegere oft lesen, ableitet — so lief er dem Dorfe schon als Pfarrherrlein durch die Finger, ja ein Metzger aus Tyrol nannte ihn bald den Pfarrbuben, bald den Pfarrknecht *), weil er in der That ein kleiner Kaplan und Küster, nämlich dessen Koadjutorie war, insofern er die schwarze Bibel gern auf die Kanzel trug, das Kommunikantentüchlein am Altare den Oblaten und dem Kelche unterhielt, allein den Nachmittaggottesdienst, wenn Schomacker sich nach Hause geschlichen, hinausorgelte und ein fleißiger Kirchengänger bei Wochentaufen war. Ja, sah Abends der Pfarrer nach dem Studieren mit Mütze und Pfeife aus dem Fenster, so hofft' er nicht zurück zu bleiben, wenn er sich mit einer leeren kalten Pfeife und weißen Mütze an seines legte, welche letztere dem Knabengesicht ein zu altväterisches Ansehen gab. Nahm er nicht einmal an einem Winterabend ein Gesangbuch,

---

*) Jener bedeutet in Tyrol den Pfarrer, dieser den Diakonus.

unter den Arm und stattete, wie der Pfarrer, bei einer ihm ganz gleichgültigen, arthritischen, steinalten Schneiderfrau einen ordentlichen Krankenbesuch ab und fing an, aus dem Liede: O Ewigkeit, du Freudenwort, ihr vorzulesen? Und mußt' er nicht schon bei dem zweiten Verse den Aktus einstellen, weil ihn Thränen übermannten, nicht über die taube, trockne Frau, sondern über den Aktus?

Schomaker nahm sich seines Lieblings so sehr an, daß er eines Abends vor dem Gerichtmann — "so hör' ich mich lieber nennen als Schulz" sagte Lukas — frei erklärte, er glaubte, im geistlichen Stande komme man besser fort, besonders zarte Naturelle.

Da nun der Kandidat selber nichts geworden war, als sein eignes Minus und seine eigne Vakanzstelle, so beantwortete der Gerichtmann die Rede blos mit einem höflichen Gemurmel und führte nur seine schimliche Geschichte wieder auf, daß einmal ein juristischer Professor seine Studenten so angeredet habe: "meine Hochzuverehrende Herren Justizminister, geheime Kabineträthe, wirkliche Geheime Räthe, Präsidenten, Finanz-Staats- und andere Räthe und Syndikus, denn man weiß ja noch nicht, was aus Ihnen allen wird!" Er führte noch an, im Preußischen werde die Stunde eines Advokaten auf 45 Kreuzer von den Gesetzen selber taxirt und bat, man solle das nur einmal für ein Jahr ausschlagen — ferner einem rechten Juristen komme der Teufel selber nicht bei und er wolle eben so gut ein Ferkel am eingeseiften Schwanz fest halten, als einen Advokaten am jus — (welches wol im edlern Style heißen würde: Kenntniß des Rechts ist die um einen Mann geschriebene Münz-Legende, und verwehrt das Beschneiden des Stücks) — und Heringe wie sein Peter Walt, wären eben die ganzen Hechte; je dünner der Messerrücken, desto schärfer die Schneide; und er kenne Iktuße, die durch Nadelröhre zu fädeln waren, die aber ungemein zustachen.

Wie immer, halfen seine Reden nichts: aber die verständige Veronika, seine Frau, wollte gegen die Sitte der Weiber, die im häuslichen Konsistorium immer als geistliche Räthe gegen die weltlichen stimmen, den Sohn aus dem geistlichen Schafstall in die juristische Fleischscharre treiben; und das blos, weil sie einmal bei einem Stadtpfarrer gekocht habe und das Wesen kenne, wie sie sagte.

Diese hielt, als sie einst allein mit dem Sohn war, der mehr an ihr als am Vater hing, ihm bloß so viel vor: „mein Gottwalt, ich kann dich nicht zwingen, daß du dem Vater folgst; aber höre mich an: das erstemal, wo du predigst, so thue ich meinen Trauerrock an, und die weißen Tücher um, und gehe in die Kirche, und bücke mich unter der ganzen Predigt wie bei einer Leichenpredigt mit dem Kopfe nieder und weine, und wenn mich die Weiber fragen, so zeig' ich auf dich." — Dieses Bild packte seine Phantasie so gewaltsam an, daß er weinend Nein Nein schrie — womit er das Trauerverhüllen meinte — und Ja Ja zum Advoziren sagte.

So werden uns die Lebensbahnen, wie die Ideen, vom Zufall angewiesen; nur das Fort- und Absetzen der einen wie der andern bleibt der Willkür freigestellt.

Walt erlernte nun, wie Völker, Sprachen fast von selber. Er warf dadurch den Vater in ein Freudenmeer;

denn Dorfleute finden, wie die Schulleute, fast bloß auf der Zunge den Unterschied des Lehr- und Nährstandes. Der Exmäurer bauete daher in einem trocknen Frühjahr ohne allen Widerspruch des todten Dachshundes und des Gewerks ein eignes Studierstübchen für seinen Iktus. Dieser frequentirte das Lyzeum (illustre) Johanneum; darauf wurd' er ins Gymnasium (illustre) Alexandrinum geschickt, — welches beides niemand war, als in kollegialischer Eintracht der Kandidat Schomaker allein, der Johann Alexander hieß. Anfangs hatte Walt noch mit Vulten, eh' er davon gelaufen, die Kleintertia und darauf die Großtertia sowol besucht, als repräsentirt; aber nachher mußt' er ohne den Pfeifer die ganze Sekunda und Prima allein ausmachen, worin er das Hebräische, das in beiden Klassen die Theologen trieben, wie gewöhnlich auch mit aufschnappte. Im zwanzigsten Jahre war er vom Gymnasium oder Gymnastarchen unmittelbar als Abiturient abgegangen auf die hohe Schule Leipzig, in welche er aus Mangel einer höheren so lange täglich ging, als er es vor Hunger aushalten konnte. "Seit Ostern sitzt er bei den Eltern, und wird morgen Abends zum Notarius reüeret, um zu leben" beschloß der Kandidat Schomaker die artige Historie.

N^{ro}. 6. Kupfernickel.

Quod Deus Vultiana.

Nach dem Ende der Geschichte trat der Flötenist mit grimmigem Gesicht an den betrübten Schulmeister fragend: "wäret ihr nicht werth, daß ich sogleich ins Prisma sähe und Euch darin als lange Leiche anträfe? Wie, Ihr moralischer Mikrolog, Ihr moralischer esprit de bagatelle, Ihr konntet Euch aus Furcht vor schätzbaren Weissagungen erfrechen, gegen Euer Gewissen die Geheimnisse zweier bedeutender Brüder und Eltern aus dem Laub heraus zu ziehen? Es soll Euch gereuen, wenn ich Euch entdecke, daß ich kein wahres Wort gesagt und daß ich die Geheimnisse nicht vom Prisma, sondern von dem davon gelaufenen Flötenisten Vult selber erfahren, der ein ganz anderer Mensch ist. Ich habe mit dem Manne im andern Elterlein, nämlich im Bergstädtlein bei Annaberg, vereint geblasen. Damit ich aber nach dem bisherigen Weismachen, der Gesellschaft glaubhaft werde, so will ichs ihr so beschwören: ewig verdammt will ich seyn, kenn' ich ihn nicht und habe ich nicht alles von ihm."

Es war kein Meineid; denn er war jener entlaufne Vult selber, aber ein starker Schelm. Der Kandidat nahm alles friedlich hin, weil ihn eine neue Lage, in welche er sich immer so schnell geworfen fühlte, daß er keine Sekunde Zeit zum Ausarbeiten eines moralischen Models und Lineals bekam, über alles abstieß. Es gab wenige Kasuisten und Pastoraltheologen, die er nicht gelesen, sogar den Talmud, blos um selig zu werden.

Er hielt mit jedem Steckbrief seine eigne Person zusammen, um, im Falle sie zufällig der begehrten gleich sähe, so fort juristisch und sittlich gesattelt zu seyn, so wie er sich häufig des Mords, der Nothzucht und anderer Fraischfälle heimlich aus Spaß anklagte, um sich darein zu finden, falls ein Bösewicht öffentlich dasselbe thäte im Ernst.

Er versetzte daher nur, daß er dem Bruder Gottwalt keine frohere Nachricht bringen könne, als die von Vults Leben, da er den Flüchtling unendlich liebe. "So, lebt die Fliege noch? fiel der Wirth ein. Wir hielten sie sämmtlich für krepirt. Wie sah er denn aus, gnädiger Herr?"

"Sehr wie ich, (versetzte Vult und sah bedeutende trinkende Dikasterianten an,) falls nicht das Geschlecht einen Unterschied macht; denn ich könnte wol eben so gut eine verkleidete Ritterin d'Eon seyn, als diese bekannte Frau, Messieurs, — ob wir gleich davon abbrechen wollen. — Vult selber ist wol der artigste Mann und der schönste, ohne es aber zu wissen, dem ich je ins Gesicht gesehen, nur zu ernst und zu gelehrt, nämlich für einen Musikus. Sie alle sollten ihn sehen, das heißt hören. — Und doch so bescheiden, wie schon gesagt. Der Musikdirektor der Sphärenmusik werd' ich doch nie, sagt er einst, sich verbeugend die Flöte weglegend, und meinte wahrscheinlich Gott. Jeder konnte mit ihm so frei reden, wie mit einem russischen Kaiser, der in Kaiserpracht in die Kulisse von der Bühne kommt und fühlt, daß ihn Kotzebue geschaffen und er diesen. — Er war herzengut und voll Liebe, nur aber zu aufgebracht auf sämmtliche Menschen. Ich weiß, daß er Fliegen, die ihn plagten, Einen Flügel auszupfte, und sie auf die Stube warf mit den Worten: "kriecht, die Stube ist für euch und mich weit genug," indeß er gleichwol mehreren ältlichen Herren ins Gesicht sagte, sie wären siebenfache Spitzbuben, alte obwol in Milch eingeweichte Häringe, die sich dadurch für frische gäben; inzwischen setzt' er sogleich dazu, er hoffe, sie deuteten ihn nicht falsch, und bewieß ihnen jede Artigkeit. — Unsere erste Bekanntschaft machte sich, als er von einer fürstlichen Versteigerung herkam und einen erstandenen Nachttopf aus Silber öffentlich so närrisch vor sich her- und heim trug, daß jede Gasse stutzig wurde, wodurch er ging. — Ich wollte, er wäre mit hier und besuchte die Seinigen. — Ich habe eine so besondere Liebhaberei für die Harnische, als meine Namenvettern, daß ich sogar im Leipziger Reichsanzeiger mir ihren Stammbaum und Stammwald bestimmt ausbat ohne Effekt."

Jetzt schied er kurz und höflich und ging auf sein Zimmer, nachdem er bei allem milden Scheine eines Mannes von Welt den ganzen Tag alles gethan, was er gewollt. Er roch ohne Anstand an Fensterblumen vorübergehend; — er rückte auf dem Markte einem bettelnden Judenjungen seinen schlechten Bettelstyl vor und zeigte ihm öffentlich, wie er anzuhalten habe — er setzte seinen französischen Paß in keinen deutschen um, bloß deshalb, um unter dem Stadtthore die sämmtliche Thorschreiberei dadurch in Zank und Buchstabieren zu verflechten, indeß er still dabei wartete und sagte, er steife sich auf seinen Paß — und am ersten Tage machte er den Scherz der Zauberschlägerei, von welcher oben der Wirth dem Kandidaten ins Ohr erzählt hatte. Er wußte nämlich ganz allein in seinem Zimmer ein solches Kunstgeräusch zu erregen, daß es die vorübergehende Schäarwache hörte und schwur, eine Schlägerei zwischen fünf Mann, falle im zweiten Stocke vor; als sie straffertig hinauf eilte und die Thüre aufriß, drehte sich Quod deus Vult vor dem Rasierspiegel mit eingeseiftem Gesichte ganz verwundert halb um, und fragte, indem er das Messer hoch hilt, verdrüßlich, ob man etwas suche; — ja Nachts repitirte er die akustische Schlägerei, und fuhr die hineinguckende Obrigkeit aus dem Bette schlaftrunken mit den Worten an: wer Henker steht draußen und stört die Menschen im ersten Schlafe?

Dieß alles kam daher, daß er in jeder kleinen Stadt zuerst den Regimentstab wenig schätzte, dann Obrigkeit und Hof, etwa Bürger aber mehr. Bei einer solchen in Lustigkeit eingekleideten Verachtung konnt' ers nicht von sich erhalten, sich den Kleinstädtern, die ihn in seinen glänzenden Tagen unter Großstädtern nicht gesehen, in diesen überwölkten als Bauersohn aus Elterlein zu zeigen; lieber adelte er sich selber eigenhändig.

Nach Haslau war er nur gekommen, um ein Konzert zu geben, dann nach Elterlein zu laufen, und Eltern und Geschwister inkognito zu sehen, aber durchaus ungesehen. Unmöglich wars ihm, daß er nach einem Dezennium Abwesenheit, worin er über so viele europäische Städte wie eine elektrische Korkspinne, ohne zu spinnen und zu fangen, gesprungen war, wieder vor seinen dürftigen Eltern erscheinen sollte, aber nämlich, o Himmel, als was? —

Als dürftiger Querpfeifer in langer Strumpfhose, gelbem Studentenkollet und grünem Reisehut, und mit nichts in der Tasche (wenige Spezies ausgenommen) als mit einem Spiel gesiegelter Entrée=Karten für künftige Flötenkonzerte? — "Nein, sagt' er, eh' ich das

4 *

thäte, lieber wollt' ich täglich Essig aus Kupfer trinken, oder eine Fischotter an meiner Brust groß säugen, oder eine kantianische Messe lesen oder hören, eine Ostermesse." Denn wenn er auch zuletzt den phantastischen Vater endlich zu überwältigen hoffen konnte durch einige Musikstunden und durch Erzählungen aus fremden Ländern: so blieb doch die unbestechliche Mutter unverändert übrig mit ihren kalten hellen Augen, mit ihren eindringenden Fragen, die seine Vergangenheit sammt seiner Zukunft unerbittlich zergliederten.

Aber jetzt seit dem Abend und hundert andern Stunden hatte sich alles in ihm verändert — aus dem fremden Zimmer brachte er die ruhige Oberfläche und eine bewegte Tiefe in das seinige hinauf. — Walts Liebe gegen ihn hatt' ihn ordentlich angegriffen — dessen poetische Morgensonne wollt' er ganz nahe besehen und drehen und an ihre Axe Erddiameter und an ihre Kraft Licht- und Wärmemesser anlegen — Kabels Testament gab dem Poeten noch mehr Gewicht — — Kurz Vult konnte kaum den künftigen Tag erwarten, um nach Elterlein zu laufen, heimlich Walts Notariatexamen zu behorchen und alle zu beschauen und am Ende sich dem Bruder zu entdecken, wenn ers verdiente. Mit welcher Ungeduld der gegenwärtige Schreiber auf den offiziellen, den Helden endlich aus seinen tiefen Spiegeln hervorziehenden, Bericht des folgenden Kapitels mag gepasset haben, ermesse die Welt aus ihrer.

Nro. 7. Violenstein.

Kindheitdörfchen — der große Mann.

Vult van der Harnisch reiste aus der Haslauer Vorstadt nach Elterlein aus, als die halbe Sonne noch frisch und wagrecht über die thauige Flurenwelt hinblitzte. Die Sonne war aus den Zwillingen in den Krebs getreten; er fand Aehnlichkeiten, und dachte, er sey unter den vieren der Zwilling, der am stärksten glühe, desgleichen der zweite Krebs. In der That hatte schon in der Bergstadt Elterlein bei Annaberg seine Sehnsucht nach dem gleichnamigen Geburtdorf angefangen und zugenommen auf allen Gassen; schon ein gleichnamiger Mensch, wie vielmehr ein gleichnamiger Ort drängt sich warm ins Herz. Auf der lebendigen Haslauer Straße — die ein verlängerter Markt schien — nahm er seine Flöte heraus und warf allen Passagiers durch Flötenansätze Konzertansätze entgegen und nach, schnappte aber häufig in guten Koloraturen und in bösen Dissonanzen ab und suchte sein Schnupftuch, oder sah sich ruhig um. Die Landschaft stieg bald rüstig auf und ab, bald zerlief sie in ein breites ebnes Grasmeer, worin Kornfluren und Raine die Wellen vorstellten und Baumklumpen die Schiffe. Rechts in Osten lief wie eine hohe Nebelküste, die ferne Bergkette von Pestiz mit, links in Abend floß die Welt eben hinab, gleichsam den Abendröthen nach.

Da Vult erst Nachts anzulangen brauchte, so hielt er sich überall auf. Seine Sanduhr der Julius-Tagzeiten waren die gemähten Wiesen, eine Linnäische Blumenuhr aus Gras; stehendes zeigte auf 4 Uhr Morgens — liegendes auf 5 bis 7 — zusammen geharkte Ameishaufen daraus auf 10 Uhr — Hügel aus Heu auf 3 — Berge auf den Abend. Aber er sah auf dieses Zifferblatt der Arbeitidylle an diesem Tage zum erstenmal, so sehr hatten bisher die langen Fußreisen das übersättigte Auge blind gemacht.

Eben da der Hügel in dieser Sanduhr am höchsten anlief: so zogen sich die Kirsch- und Apfelbäume wie die Abendschatten lang dahin — runde grüne Obstfolgen wurden häufiger — in einem Thale lief schon als dunkle Linie das Bächlein, das durch Elterlein hüpft — vor ihm grünte auf einem Hügel von der Abendsonne golden durchschlagen das runde dünne Fichtengehölz, woraus die Bretter seiner Wiege geschnitten waren, und worin man oben gerade in das Dorf hinunter sah.

Er lief ins Gehölz und dessen schwimmendes Sonnengold hinein, für ihn eine Kinder-Aurora. Jetzt schlug die wohlbekannte kleinliche Dorfglocke aus, und der Stundenton fuhr so tief in die Zeit und in seine Seele hinunter, daß ihm war, als sei er ein Knabe, und jetzt sei Feierabend; und noch schöner läuteten ihn die Viehglocken in in Rosenfest.

Die einzelnen rothweißen Häuser schwankten durch die besonnten Baumstämme. Endlich sah er draußen das traute Elterlein dem Hügel zu Füßen liegen — ihm gegen über standen die Glocken des weißen Schieferthurms, und die Fahne des Maienbaums und das hohe Schloß auf dem runden Wall voll Bäume — unten liefen die Poststraßen und der Bach breit durchs offne Dorf — auf beiden Seiten standen die Häuser einzeln, jedes mit seiner Ehrenwache von Fruchtstämmen — um das Dörfchen schlang sich ein Lustlager von Heuhügeln wie von Zelten und von Wagen und Leuten herum, und über daſſelbe hinaus brannten fettgelbe Rübſenflächen für Bienen und Oel, heiter dem Auge entgegen.

Als er von dieſem Gränzhügel des gelobten Kinderlandes hinunterſtieg, hört er hinter den Stauden in einer Wieſe eine bekannte Stimme ſagen: „Leute, Leute ſponſelt doch euer Vieh; hab' ichs nicht ſchon ſo Millionenmal anbefohlen? — Bube, ſage zu Hauſe, der Gerichtmann hat geſagt, morgen wird ungeſäumt mit zwei Mann gefrohnt, auf der Kloſterwieſe." Es war ſein Vater; der mattäugige, ſchmächtige, bleichfarbige Mann (in deſſen Geſicht der warme Heutag noch einige weiße Farbenkörner mehr geſäet) ſchritt mit einer leuchtenden Senſe auf der Achſel aus den Rainen in die Straße herein. Vult mußt umblicken, um nicht erblickt zu werden, und ließ den Vater voraus. Dann fiel er ihm mit einigen klingenden Paradieſen der Flöte, und zwar — weil er wußte, wie ihm Chorale ſchmeckten — mit dieſen in den Rücken.

Lukas ſchritt noch träger fort, um länger zurückzuhören — und die ganze Welt war hübſch. Braune Dirnen mit ſchwarzen Augen und weißen Zähnen ſetzten die Grasſicheln an die Augenbrauen, um den vorbeipfeifenden Studenten ungeblendet zu ſehen — die Viehhirtinnen zogen mit ihren Wandelglöckchen auf beiden Seiten mit — Lukas ſchnäuzte ſich, weil ihn der Choral bewegte, und ſah ein ungeſponſeltes Weidepferd nur ernſthaft an — aus den Schornſteinen des Schloſſes und Pfarrhauſes und des väterlichen hoben ſich vergoldete Rauchſäulen ins windſtille kühle Blau. —

Und ſo kam Vult ins überſchattete Elterlein hinab, wo er das närriſche, verhüllte, träumende Ding, das bekannte Leben, den langen Traum, angehoben und wo er im Bette zu diesem Traum, weil er erst ein kurzer Knabe war, sich noch nicht hatte zu krümmen gebraucht.

Im Dorfe war das Alte das Alte. Das große Haus der Eltern stand jenseits des Bachs unverändert mit der weißen Jahrzahl 1784 auf dem Dachschiefer da. — Er lehnte sich mit dem Flötenliede: "wer nur den lieben Gott läßt walten" an den glatten Maienbaum und blies ins Gebetläuten hinein. Der Vater ging, sehr langsam unter dem Scheine des Umsehens, über den Bachsteg in sein Haus und henkte die Sense an den hölzernen Pflock an der Treppe. Die rüstige Mutter trat aus der Thüre in einem Mannwamse, und schüttete, ohne aufs Flöten zu hören, das abgeblattete Unkraut des Salats aus einem Scheffel, und beide sagten zu einander — wie Landgatten pflegen — nichts.

Vult ging ins nachbarliche Wirthhaus. Von dem Wirthe erfuhr er, daß der Pfalzgraf Knol mit dem jungen Harnisch Felder beschaue, weil die Notariusmacherei erst Abends angehe. "Trefflich, dachte Vult; so wirds immer dunkler, und ich stelle mich ans Backofenfenster und sehe ihrem Kreiren drinnen zu." Der alte Lukas trat jetzt schon gepudert in einer großblumigen Damastweste an die Thüre heraus, und wetzte in Hemdärmeln an der Schwelle das Messer für das Souper des Notariusschöpfers ab. "Aber das Pürschlein soll's auch nicht herausreißen, setzet der Wirth hinzu, der ein Linker war; der Alte hat mir seine schöne Branntweingerechtigkeit verkauft, und der Sohn hat von der Blase studiert. Aber lieber das Haus sollt' er weggeben, und zwar an einen gescheuten Schenkwirth; sapperment! Dem würden Biergäste zufliegen, der Bierhahn wäre Hahn im Korbe, aber ganz natürlich. Denn die Stube hat zweierlei Gränzen, und man könnte darin zuprügeln und kontrebandieren und bliebe doch ein gedeckter Mann." —

Vult nahm keinen so spaßhaften Antheil am Wirthe als er sonst gethan hätte; er erstaunte ganz, daß er unter der Hand ordentlich in eine heftige Sehnsucht nach Eltern und Bruder, besonders nach der Mutter hineingerathen war, "was doch, sagt' er, auf der ganzen Reise gar nicht mein Fall gewesen." Es war ihm erwünscht, daß ihn der Wirth beim Aermel ergriff, um ihm den Pfalzgrafen zu zeigen, der eben in des Schulzen Haus, aber ohne Gottwalt ging; Vult eilte aus seinem, um drüben alles zu sehen.

Draußen fand er das Dorf so voll Dämmerung, daß ihm war als steck' er selber wieder in der helldunkeln Kinderzeit, und die ältesten Gefühle flatterten unter den Nachtschmetterlingen. Hart am Stege watete er durch den alten lieben Bach, worin er sonst breite Steine aufgezogen, um eine Grundel zu greifen. Er machte einen Bogenumweg durch ferne Bauernhöfe, um hinter den Gärten dem Hause in den Rücken zu kommen. Endlich kam er ans Backofenfenster und blickte in die breite zweiherrige Gränzstube — keine Seele war darin, die einer schreienden Grille ausgenommen, Thüren und Fenster standen offen; aber alles war in den Stein der Ewigkeit gehauen; der rothe Tisch, die rothen Wandbänke, die runden Löffel in der hölzernen Wandleiste, um den Ofen das Trockengerüste, der tiefe Stubenbalken mit herunterhängenden Kalendern und Häringköpfen, alles war über das Meer der langen

Zeit, gut eingepackt, ganz und wie neu herübergeführt, auch die alte Dürftigkeit.

Er wollte am Fenster länger empfinden, als er über sich Leute hörte, und am Apfelbaum den Lichtschimmer der obern Stube erblickte. Er lief auf den Baum, woran der Vater Treppe und Altan gebaut: und sah nun gerade in die Stube hinein, und hatte das ganze Nest.

Darin sah er seine Mutter Veronika, mit einer weißen Küchenschürze stehend, eine starke, etwas breite gesund nachblühende Frau, das stille, scharfe, aber höfliche Weiberauge auf den Hoffiskal gelegt — dieser ruhig sitzend und an seinem breiten Kopfe das Nabelgehenke eines Pfeifenkopfes befestigend — der Vater gepudert, und im heiligen Abendmahlrock unruhig laufend, halb aus achtender Angst vor dem großen eingefleischten corpus juris neben ihm, das gegen Fürsten und alle Welt gerade so keck war, als er selber scheu, halb aus sorgender, das corpus nehm' es übel, daß Walt noch fehlte. Am Fenster, das dem Baum und Vulten am nächsten war, saß Goldine, eine bildschöne, aber bucklige Jüdin, auf ihr rothes Knäul niedersehend, woraus sie einen schafwollenen Rothstrumpf strickte; Veronika ernährte die blutarme, aber fein geschickte Waise, weil Gottwalt sie ungemein liebte und lobte, und sie einen kleinen Edelstein hieß, der Fassung brauchte, um nicht verloren zu gehen.

"Der Knecht ist nach dem Spitzbuben ausgeschickt," versetzte Lukas, als der Fiskal noch umwillig erzählte, Walt habe nicht einmal seine eignen Felder, geschweige des seel. van der Kabels seine ihm zu zeigen gewußt, sondern ihm einen Frohnbauern Kabels dazu hergeholt, und sey wie ein Grobian weggeblieben. Vom erfreulichen Testamente, sah Vult, hatte der Fiskal noch kein Wort gesagt.

Auf einmal fuhr Gottwalt in einem Schanzlooper herein, verbeugte sich eckig und eilig vor dem Fiskal und stand stumm da, und helle Freudenthränen liefen aus den blauen Augen über sein glühendes Gesicht.

"Was ist Dir?" fragte die Mutter. O meine liebe Mutter, (sagt' er sanft,) gar nichts. Ich kann mich gleich examiniren lassen.

— "Und dazu heulst du?" fragte Lukas. Jetzt stieg sein Auge und sein Ton: "Vater, ich habe, sagte er, heute einen großen Mann gesehen." — "So? versetzte Lukas kühn — Und hast dich vom großen Kerl wamsen lassen und zudecken? Gut!"

Ach Gott, rief er; und wandte sich an die aufmerksame Goldine, um es so dem Examinator mit zu erzählen. Er hatte nämlich oben im Fichtenwäldchen eine haltende Kutsche gefunden, und unweit davon am Waldhügel einen bejahrten Mann mit kranken Augen, der die schöne Gegend im Sonnenuntergang ansah. Gottwalt erkannte leicht zwischen dem Manne und dem Kupferstiche eines großen deutschen Schriftstellers — dessen deutscher Name hier bloß griechisch übersetzt werde, in den des Plato — die Aehnlichkeit. "Ich that — fuhr er feurig fort — meinen Hut ab, sah ihn still immerfort an, bis ich vor Entzückung und Liebe weinen mußte. Hätt' er mich angefahren, so hätte ich doch mit seinem Bedienten über ihn viel gesprochen und gefragt. Aber er war ganz sanft, und redete mit der süßesten Stimme mich an, ja er fragte nach mir und meinem Leben, ihr Eltern; ich wollt', ich hätt' ein längeres gehabt, um es ihm aufzuthun. Aber ich macht' es ganz kurz, um ihn mehr zu ernehmen. Worte, wie süße Bienen, flogen dann von seinen Blumenlippen, sie stachen mein Herz mit Amors Pfeilen wund, sie füllten wieder die Wunden mit Honig aus: O der Liebliche! Ich fühlt' es ordentlich, wie er Gott liebt und jedes Kind. Ach ich möcht' ihn wol heimlich sehen, wenn er betete, und auch, wenn er selber weinen müßte in einem großen Glück. — Ich fahre sogleich fort," unterbrach sich Walt, weil er vor Rührung nicht fortfahren konnte; bezwang sich aber etwas leichter, als er umher sah, und gar keine sonderliche Fremde fand.

„Er sagte — fuhr er fort — die besten Sachen. Gott, sagt' er, gibt in der Natur wie die Orakel die Antwort, eh' die Frage gethan ist — desgleichen, Goldine: was uns Schwefelregen der Strafe und Hölle däucht, offenbart sich zuletzt, als bloßer gelber Blumenstaub eines zukünftigen Flors. Und einen sehr guten Ausspruch hab' ich ganz vergessen, weil ich meine Augen zu sehr auf seine richtete. Ja da war die Welt rings umher voll Zauberspiegel gestellt, und überall stand eine Sonne, und auf der Erde gab es für mich keine Schmerzen, als die seiner lieben Augen. Liebe Goldine, ich machte auf der Stelle, so begeistert war ich, den Polymeter: doppelte Sterne erscheinen am Himmel als einer, aber o Einziger, du zergehest in einen ganzen Himmel voll Sterne. Dann nahm er meine Hand mit seiner sehr weichen, zarten, und ich mußte ihm unser Dorf zeigen; da sagt' ich kühn den Polymeter: seht wie sich alles schön verkehrt, die Sonne folgt der Sonnenblume. Da sagt' er, das thue nur Gott gegen die Menschen, der sich mehr ihnen zuwende als sie ihm. Darauf ermunterte er mich zur Poesie, scherzte aber artig über ein gewisses Feuer, was ich mir auch morgen abgewöhne; Gefühle, sagt' er, sind Sterne, die blos bei hellem Himmel leiten, aber die Vernunft ist eine Magnetnadel, die das Schiff noch ferner führt, wenn jene auch verborgen sind und nicht mehr leuchten. So mag gewiß der letzte Satz geheißen haben; denn ich hörte nur den ersten, weil es mich erschreckte, daß er an den Wagen ging und scheiden wollte.

Da sah er mich sehr freundlich an, gleichsam zum Troste, daß mir war als klängen aus den Abendröthen Flötentöne. —

"Ich bließ in die Röthen hinein," sagte Vult, war aber etwas bewegt.

"Ja endlich glaubt mirs, Eltern, druckt' er mich an seine Brust und an den lieblichen Mund, und der Wagen rollte mit dem Himmlischen dahin." — —

"Und — fragte der alte Lukas, der bisher, zumal wegen Plato's vornehmen Amtnamen, jede Minute gewärtig gewesen, daß der Sohn einen beträchtlichen Beutel vorzöge, den ihm der große Mann in die Hand gedrückt — er ist weggefahren und hat dir keinen Pfennig geschenkt? — O wie denn das, Vater? fragte Walt. "Ihr kennt ja sein weiches Gemüth," sagte die Mutter. "Ich kenne diesen Skribenten nicht, sagte der Pfalzgraf; aber ich dächte, statt solcher leerer Historien, die zu nichts führen, fingen wir einmal das Examen an, das ich anstellen muß, eh' ich jemand zum Notarius kreiren will."

"Hier steh ich," sagte Walt, im Schanzlooper hin, und von Goldinen weg, fahrend, deren Hand er für ihre Theilnahme an seiner Seligkeit öffentlich genommen hatte.

———

Nᵒ 8. Koboldblüthe.

Das Notariatexamen.

"Wie heißt der Notariand?„ fing Knol an — Alles war nämlich so, erstlich daß Knol als ein zusammengewachsenes verknöchertes Revolutiontribunal das Vorhängschloß des Pfeifenkopfes am eignen hatte und zu allem saß — ferner, daß Lukas seinen auf zwei Ellenbogen wie auf Karyatiden gestützten Kopf auf den Tisch setzte, jeder Frage nachsinnend, eine Stellung, die seine matten grauen Augen und sein blutloses Gelehrtengesicht, zumal unter dem Leichenpuder auf der gebräunten Haut sehr ins nahe Licht setzte, so wie seinen ewigen regnerischen Feldzug gegen das Geschick — ferner, daß Veronika dicht neben dem Sohne, mit den Händen auf dem Magen betend, stand und das stille Weiberauge, das in die närrischen Arbeitlogen der Männer dringen will, zwischen Examinator und Examinanden hin und wieder gleiten ließ — und zuletzt, daß Vult mit feinen leisen Flüchen zwischen den unreifen Pelzäpfeln saß und neben ihm — da ja alle Leser durch ein Fenster in die Stube sehen — auf den benachbarten Aesten sämmtliche 10 deutsche Reichs- und Sesekreise oder Sesezirkel; so viele tausend Leser und Seelen von jedem Stande, was in dieser Zusammenstellung auf dem Baume lächerlich genug wird. — — Alles ist in der größten Erwartung über den Ablauf des Examens, Knol in der allergrößten, weil er nicht wußte, ob nicht vielleicht manche mögliche Ignoranzen den Notariandus nach den geheimen Artikeln des Testaments auf mehrere Monate zurückschöben oder sonst beschädigten.

Wie heißet Hr. Notariand, fieng er bekanntlich an.

Peter Gottwalt, versetzte der sonst blöde Walt auffallend frei und laut. — Der geliebte entflogne Göttermensch hob noch seine Brust; nach einem solchen Anblicke werden, wie in der ersten Liebe, uns alle Menschen zwar näher und lieber, aber kleiner. Er dachte mehr an Plato als an Knol und sich, und träumte sich blos in die Stunde, wo er recht lange darüber mit Goldinen sprechen könnte. "Peter Gottwalt" hat er geantwortet:

""Harnisch"" muß noch bei" sagte sein Vater.

"Dessen selben Eltern und Wohnort? — fragte Knol — Walt hatte die besten Antworten bei der Hand.

"Ist Hr. Harnisch ehelich geboren?" fragte Knol— Gottwalt konnte schamhaft nicht antworten. "Das Taufzeugniß ist gelöset," sagte der Schulz. "Es ist nur um Ordnung willen," sagte Knol, und fragte weiter:

"Wie alt?" —

"So alt als mein Bruder Bult, (sagte Walt), vier und zwanzig" — Jahre nämlich, sagte der Vater.

"Was Religion? — Wo studirt? u. s. w."

Gute Antworten fehlten nicht.

"Wen hat H. H. von den Kontrakten gelesen? — Wie viele Personen sind zu einem Gerichte erforderlich? — Wie viel wesentliche Stücke gehören zu einem ordentlichen Prozesse?" — Der Notariand nannte sehr nöthige, schlug aber die Ungehorsambeschuldigung nicht an. "Rein, Herr, 13. sinds schon nach Beieri Volkmanno emendato," sagte der Pfalzgraf heftig.

„Hat man Kaiser Maximilians Notariatordnung von anno 1512 zu Cölln aufgerichtet nicht nur oft, sondern auch recht gelesen?" fragt er weiter.

„Sauberer und eigenhändiger konnte mans ihm nicht abschreiben, als ich, H. Hofpfalzgraf!" sagte der Schulz.

„Was sind Lytae?" fragte der Knol.

„Lytae oder litones oder Leute, (antwortete freudig Walt, und Knol rauchte ruhig zu seiner Vermengung fort) waren bei den alten Sachsen Knechte, die noch ein Drittel Eigenthum besaßen und daher Kontrakte schließen konnten. —

„Eine Zitazion dazu!" sagte der Pfalzgraf.

„Möser," versetzte Walt.

„Sehr wohl — antwortete der Fiskal spät und rückte die Pfeife in die Ecke des formlosen Mundes, der nur einer aufgeschlitzten Wunde glich, die man ihm ins Siberien des Lebens mitgegeben — sehr wohl! Aber lytae sind sehr verschieden von litonibus; lytae sind die jungen Juristen, die zu Justianus Zeiten im vierten Jahre ihres Kurses den Rest der Pandekten absolvierten*); und die Antwort war ein Ignoranz."

Gottwalt antwortete gutmüthig: wahrhaftig, das hab' ich nicht gewußt.

„So wird man wol auch nicht wissen, was auf den Strümpfen, die der Kaiser bei der Krönung in Frankfurt anhat, steht?" — Ein Zwickel, Gottwalt, souflirte hinter ihm Goldine. „Natürlich, fuhr Knol fort; H. Tychsen hat es uns folgender Gestalt ins

---

*) Heinecc. hist. jur. civ. stud. Ritter. L. I. §. 393.

Deutsche übersetzt aus dem arabischen Texte: """ ein prächtiges, königliches S‒‒‒pfband."" — Darüber, über den Text und Uebersetzer der Strümpfe, fuhr das Mädchen in ein freies Gelächter aus; aber Vater und Sohn nickten ehrerbietig.

Unmittelbar nachdem Walt aus der durchlöcherten Fischwaage des Examens blöde und stumm gestiegen war, ging der Pfalzgraf ans Kreiren. Er sprach mit der Pfeife und auf dem Sessel Walten den Notariateid auswendig zum Erstaunen aller vor; und Walt sagte ihn mit gerührter Stimme nach. Der Vater nahm die Mütze ab; Goldine hielt ihre Strumpfwirkerei innen. Der erste Eid macht den Menschen ernst; denn der Meineid ist die Sünde gegen den h. Geist, weil er mit der höchsten Besonnenheit und Frechheit ganz dicht vor dem Throne des moralischen Gesetzes begangen wird.

Jetzt wurde der Notarius bis auf das letzte Glied, auf die Fersen gar ausgeschaffen. Dinte, Feder und Papier wurden ihm von Knolen — überreicht und dabei gesagt, man investire ihn hiemit. Ein goldner Ring wurde seinem Finger angesteckt und sogleich wieder abgezogen. Endlich brachte der Comes palatinus ein rundes Käppchen (Baretlein hieß er's) aus der Tasche und setzte es dem Notarius mit dem Beifügen auf den Kopf, eben so ohne Falten und rund sollen seine Notarienhändel seyn.

Goldine rief ihm zu, sich umzudrehen; er drehte ihr und Vulten ein Paar große, blaue, unschuldige Augen zu, eine hochgewölbte Stirne und ein einfaches, beseeltes, durchsichtiges mehr von der innern als von der äußern Welt, ausgebildetes Gesicht mit einem feinen Munde, welches auf einem etwas schiefen Torso stand, der wieder seiner Seite und eingeklappten Kniewinkeln ruhte; aber Goldinen kam lächerlich und dem Bruder wie ein rührendes Lustspiel vor, und im Schanz-looper wie ein Meistersänger aus Nürnberg. Noch wurd' sein Notariatsignet und das in Haslau verfaßte Diplom dieser Würde übergeben; — und so hatte Knol in seiner Glashütte mit seiner Pfeife den Notarius fertig und rund geblasen — oder blos in einer andern Metapher, er brachte aus dem Backofen einen ausgebacknen, offnen, geschwornen Notarius auf der Schaufel heraus.

Hierauf ging dieser zum Vater, und sagte gerührt mit Händedrücken: wahrhaftig, Vater, ihr sollt sehen, welche Wogen auch .... "Mehr konnt' er nicht vor Rührung und Bescheidenheit sagen." Konsideriere besonders, Peter, daß du Gott und dem Kaiser geschworen, bei Testamenten "absonderlich derer Hospitäler und an-"derer nothdürftiger Personen, desgleichen gemeine Wege "befördern zu helfen." — Du weißt, wie schlecht die Wege ums Dorf sind, und unter den nothdürftigen Personen bist du die allererste. "—Nein ich will die letzte seyn," versetzte der Sohn. Die Mutter gab dem Vater einen silberhaltigen Papierwickel — denn die Menschen versilbern, so zu sagen, die Pille des rohen Geldes einander durch Papier, erstlich aus feiner Schonung des fremden Eigennutzes, und zweitens, um es zu verstecken, wenn es zu wenig seyn sollte —; der Vater drückt' es höflich in die Fiskalische, lang gedehnte, haarige Hand mit den Worten: "pro rata, H. Hoffiskalis! Es ist das Schwanzgeld von unserer Kuh und etwas darüber. — Vom Kaufschilling des Viehs soll der Notarius auskommen in der Stadt. — Morgen reitet er das Pferd des Fleischers hinein, der sie uns abgekauft. Es ist blutwenig, aber aller Anfang ist schwer; beim Aufgehen der Jagd hinken die Hunde noch; ich habe manchen gelehrten Hungerleider gesehen, der Anfangs von nichts lebte. — Sey nur bosonders vigilant, Peter, denn sobald der Mensch auf der Welt einmal etwas Braves gelernt — —

"Ein Notarius — fing heiter Knol, unter dem Geldeinstecken, an, und hielt die Pfeife lange ans Licht, eh' er fortfuhr — ist zwar nichts Sonderliches, im Reiche sind viel, nämlich Notarii, sagt' der Reichsabschied von 1500 Art. XIV, wiewol ich selber meines Orts nur Notarien machen kann, und doch kein Instrument." —

"Wie mancher Pfalzgraf und mancher Vater — sagte leise Goldine — keine Gedichte, aber doch einen Dichter." —

"Indeß ist in Haslau — fuhr er fort — so oft bald ein Testament, bald ein Interrogatorium, bald ein Vidimus, zuweilen, aber höchst selten eine donatio inter vivos zu machen; falls nun der junge Mensch advoziert" —

"Das muß mein Peter," sagte Lukas —

"— Falls ers aber — fuhr er fort — recht macht, anfangs schlechte, zweideutige Prozesse mit Freuden annimmt, weil große Advokaten sie von der Hand weisen, letztere häufig konsultirt, sich windet und bückt und dreht" — —

"So kann er ein rechtes Wasser auf desjenigen Mühle werden, der sein Vater ist; ja eine ganze Mühlwelle; er kann ihm ja nach Gelegenheit von Zeit zu Zeit ein beträchtliches Stück Geld zufertigen" — sagte der Vater —

5 *

"O meine Eltern, wenn ich das einmal könnte!" sagte leise Walt entzückt.

"O Gott, steh' mir bei, sagte Lukas zornig, wer denn sonst? Etwa dein Spitzbube, dein Landläufer und Queerpfeifer, der Vult? —

Dieser schwur auf seinem Baume, vor einem solchen Vater sich ewig zu verkappen.

"Falls nun — fuhr Knol lauter und unwillig über das Stören fort — der junge Anfänger kein eingebildeter Narr oder Neuling ist, sondern ein Mensch, der bloß im juristischen Fache lebt und webt, wie hier sein vernünftiger Vater, der vielleicht mehr vom Jus versteht . . . . .

Nun konnte Lukas sich nicht mehr halten: "H. Hoffiskalis! Peter hat seines Vaters Sinn nicht; mich hätte man jura lassen sollen. Gott! ich hatte Gaben und mein Pferdgedächtniß und Sitzfleisch. — Es ist nur ein schlechter Gerichtmann, der nicht zugleich ein Zivilist — ein Kameralist — ein Kriminalist — ein Feudalist — ein Kanolist — ein Publist ist, so weit er kann. Längst hätt' ich dieß mein Amt niedergelegt — denn was zieh' ich weiter davon, als jährlich 3 Scheffel Besoldung und die Faßkanne und viel Versäumniß und Verdrüßlichkeit — wär' im ganzen Dorf ein Mensch zu haben, der's wieder nähme und scharmant versähe. Wo sind denn die vielen Schulzen hier zu Lande, die vier Schulzenordnungen im Hause haben wie ich, nämlich die alte gothaische, die chursächsische, die würtembergische und die Hachhaarische? — Und setz' ich nicht in jede Bücherlotterie und erstehe die gescheutesten Sachen, unter andern: ""Julii Bernhards von Rohr vollständiges Haushaltungsrecht, in welchem die nützlichsten

Rechtslehren, welche sowol bei den Landgütern überhaupt, derselben Kauffung, Verkauffung und Verpachtung als insonderheit bei dem Ackerbau, Gärtnerei ꝛc. ꝛc. und andern ökonomischen Materien vorkommen, der gesunden Vernunft, denen römisch= und teutschen Gesetzen nach ordentlich abgehandelt werden, allen denenjenigen, so Landgüter besitzen, oder dieselben zu administriren haben, höchst nützlich und ohnentbehrlich. Die andere Auflage. Leipzig, 1738 verlegt J. Ch. Martini, Buchhändler in der Grimmischen Straße.""

"Es macht aber zwei Bände, sehen Sie!" Ich habe sie selber, sagte Knol. — "Nun wohl! (schloß der Vater daraus weiter fort). Muß ein Gerichtmann nicht wie ein Hufschmidt, die Taschen schon im Schurzfell bei der Hand haben, nicht erst in den Hosen? O du lieber Gott, H. Fiskalis, wo zu pfänden ist — zu tarieren — zu einquartieren — mündlich und schriftlich Unzähliges anzuzeigen, — wo Kränze um Brunnen zu machen; Zigäuner aus dem Lande zu jagen, auf Straßen und Feuerschau zu schauen — wo in Dörfern Pesten, Exzesse, Spitzbübereien sind: — da ist ja ein Gerichtmann der erste dabei, und zeigt die Sachen an, sowol bei löblicher Landhauptmannschaft, als, wenn der Fall, bei der Ritterschaft. Was Wetter! da kann er nicht wie eine Kanzeluhr, die Woche nur einmal gehen, Tag für Tag läuft er zum größten Schaden seiner Wirthschaft in alle Löcher — in alle Felder und Wälder — in alle Häuser und nachher in die Stadt und rapportierts mündlich, worauf ers schriftlich aus der Tasche zieht. Es sollen mir Pferdner und Anspänner oder Hintersättler hertreten und sagen: Lukas, lasse die Flausen! Du bist auch da und da fahrläßig gewesen!

O solche große Verläumder! sehen Sie dann nicht, daß ich mich darüber Klaftertief in Schulden stecke, und wäre künftig der Notarius und Tabellio nicht".…

"Hör' einmal auf, Gerichtmann, sagte Veronika, und wandte sich an den Fiskal, dessen Schuldner ihr Mann war — H. Fiskal, er sagt das nur so, um etwas zu sagen. Begehren Sie nichts? Und ich habe nachher eine große Frage zu thun."

Lukas schwieg sehr willig und schon gewohnt, daß in seiner Ehe-Sonatine die linke Hand, die Frau, weit über die rechte herauf griff in die höchsten Töne zum harmonischen Vortheil.

"Er schnapse gern vor dem Essen" (versetzte Knol zu Walts Erstaunen über ein solches Postillions-Zeitwort von einem Stadt- und Hofmann).

Die Mutter ging, und brachte in der einen Hand das Extrapostblut und Elementarfeuer, aber in der andern ein dickes Manuskript. Walt nahm es ihr blutroth weg. Goldinens Augen schimmerten entzückt. "Du mußt aus dem Liederbuch lesen, sagte die Mutter, der gelehrte Herr sollen sagen, ob es taugt. H. Kandidat Schomaker will es sehr loben."

Und ich lob' es wirklich, sagte Goldine. Da trat der Kandidat selber herein, warf sich blos vor dem Fiskale krumm, und salutirte mit blitzenden Augen. Er sah aus allen, daß die Freudenpost des Testaments noch nicht in der Stube erschollen war. "Sehr spät, sagte Lukas, der exzellente Aktus ist ganz vorbei." Ausführlich betheuerte der Kandidat, er sei erst gegen Vesperzeit aus der Stadt gekommen; ich steh' auch — sagte er, und sah gern den Schulzen an, vergnügt, daß er nicht einen so vornehmen und bedenklichen Herrn, wie

Knol, beschauen mußte — schon seit einer geraumen Viertheilstunde unten im Hofe, habe mich aber vor fünf Gänsen, welche vor der Thüre Flügel und Schnabel gegen mich aufgemachet, nicht hereingetraut." — "Nein, sechs Gans'rens," sagte die satirische Jüdin. "Oder auch sechs, versetzte er; genung, eine ist genung, wie ich gelesen, um einen Menschen durch einen wüthigen Biß ganz toll und wasserscheu zu machen."

"Ah ça! wandt' er sich zu Walten (mehr französisch konnt' er nicht), Ihre Polymeter!" — "Was sinds?" fragte Knol trinkend. "Herr Graf, (sagte Schomaker, und lies die Pfalz weg) in der That eine neue Erfindung des jungen Kandidaten, meines Schülers, er machet Gedichte nach einem freien Metrum, so nur einen einzigen, aber reimfreien Vers haben, den er nach Belieben verlängert, seiten = bogenlang; was er den Streckvers nennt, ich einen Polymeter."

Vult fluchte aus Ungeduld zwischen den Aepfeln. Walt stellte sich endlich mit dem Manuskripte und mit dem Profil seiner Bogenstirn und seiner graden Nase vor das Licht — blätterte über alle Beschreibung lange und blöde nach dem Frontispitz seines Musentempels — der Kandidat that mit der einen Hand in der Weste, mit der andern in der Hose drei Streckschritte nach Vults Fenster, um hinaus zu — spucken. Stotternd, aber mit schreiender, ungebildeter Stimme fieng der Dichter an:

Nro. 9. Schwefelblumen.

Streckverse.

"Ich weiß nicht, ich finde jetzt kein rechtes Gedicht, ich muß auf geradewol ausheben:
Der Wiederschein des Vesuvs im Meer.
"Seht, wie fliegen drunten die Flammen unter die Sterne, rothe Ströme wälzen sich schwer um den Berg der Tiefe, und fressen die schönen Gärten. Aber unversehrt gleiten wir über die kühlen Flammen, und unsere Bilder lächeln aus brennender Woge." Das sagte der Schiffer erfreut, und blickte besorgt nach dem donnernden Berg' auf. Aber ich sagte: siehe, so trägt die Muse leicht im ewigen Spiegel den schweren Jammer der Welt, und die Unglücklichen blicken hinein, aber auch sie erfreuet der Schmerz.

* * *

Was weint denn der wunderliche Mensch, da er ja alles selber sich ausgesonnen? rief Lukas. "Weil er seelig ist," sagte Goldine, ohne es zu treffen; es war blos das Weinen der Bewegung, die weder eine entzückte, noch betrübte, sondern nur eine Bewegung zu seyn braucht. Er las jetzt:
Der Kindersarg in den Armen.
Wie schön, nicht nur das Kind wird leicht in den Armen gewiegt, auch die Wiege.
Die Kinder.
Ihr Kleinen steht nahe bei Gott, die kleinste Erde ist ja der Sonne am nächsten.

Der Tod unter dem Erdbeben. *)

Der Jüngling stand neben der schlummernden Geliebten im Myrtenhaine, um sie schlief der Himmel und die Erde war leise — die Vögel schwiegen — der Zephyr schlummerte in den Rosen ihres Haars und rückte kein Löckchen. Aber das Meer stieg lebendig auf, und die Wellen zogen in Heerden heran. Aphrodite, betete der Jüngling, du bist nahe, dein Meer bewegt sich gewaltig, und die Erde ist furchtsam, erhöre mich herrliche Göttin, verbinde den Liebenden ewig mit seiner Geliebten. Da umflocht ihm mit unsichtbarem Netze den Fuß der heilige Boden, die Myrten bogen sich zu ihm, und die Erde donnerte, und ihre Thore sprangen ihm auf. — Und drunten im Elysium erwachte die Geliebte, und der seelige Jüngling stand bei ihr, denn die Göttin hatte sein Gebet gehört.

* * *

Vult fluchte gewaltig im Laube vor lauter Jubel, seine sonst leicht zufallende Seele stand weit den Musen offen: „liebes Gottwältlein! Du allein sollst mich kennen lernen; ja bei Gott, das geht an, das muß er mit ausführen — Himmel! wie wird der blöde, göttliche Narr erstaunen, wenn ichs ihm vorlege," sagte er, und hatte einen neugebornen Plan im Sinne.

Ich sollte meynen, (sagte Schomaker), daß er die Auktoren der Anthologie nicht ohne Nutz unter mir studieret.

---

*) Bekanntlich ist vor dem Erdbeben meist die Luft still, nur das Meer woget.

Da Knol nicht antwortete, sagte der Vater: lies weiter. Mit schwächerer Stimme las Walt.

Bei einem brennenden Theatervorhang.

Neue erfreuliche Spiele zeigtest du sonst, stiegst du langsam hinauf. Itzt verschlingt dich schnell die hungrige Flamme, und verworren, unseelig und dampfend erscheint die Bühne der Freude. Leise steige und falle der Vorhang der Liebe, aber nie sink' er als feurige Asche auf immer darnieder.

Die nächste Sonne.

Hinter den Sonnen ruhen Sonnen im letzten Blau, ihr fremder Stral fliegt seit Jahrtausenden auf dem Wege zur kleinen Erde, aber er kommt nicht an. O du sanfter, naher Gott, kaum thut ja der Menschengeist sein kleines, junges Aug auf, so stralst du schon hinein, o Sonne der Sonnen und Geister!

Der Tod eines Bettlers.

Einst schlief ein alter Bettler neben einem armen Mann und stöhnte sehr im Schlaf. Da rief der Arme laut, um den Greis aus einem bösen Traum aufzuwecken, damit den matten Busen nicht die Nacht noch drücke. Der Bettler wurde nicht wach, aber ein Schimmer flog über das Stroh; da sah der Arme ihn an, und er war jetzt gestorben; denn Gott hatt' ihn aus einem längern Traum aufgeweckt.

Die alten Menschen.

Wol sind sie lange Schatten, und ihre Abendsonne liegt kalt auf der Erde; aber sie zeigen alle nach Morgen.

Der Schlüssel zum Sarge.

"O schönstes, liebstes Kind, fest hinunter gesperrt ins tiefe, dunkle Haus, ewig halt' ich den Schlüssel deiner Hütte, und niemals, niemals thut er sie auf!" —

Da zog vor der jammernden Mutter die Tochter blühend und glänzend die Sterne hinan, und rief herunter: Mutter, wirf den Schlüssel weg, ich bin droben und nicht drunten.

Nro. 10. Stinkholz.

Das Kapaunengefecht der Prosaisten.

"O Himmel, wärs nur Morgen, Brüderlein! Es ist verdammt, man sollte nie passen müssen," sagte Vult. — "Ich habe genug," sagte Knol, der bisher die eine Tabackwolke gerade so groß und so langsam geschaffen hatte, wie die andere. — "Ich meines Parts, sagte Lukas, kann mir nichts rechts daraus nehmen, und den Versen fehlt auch der rechte Schwanz, aber gib her." — "Fromme und traurige Sachen stehen wol darin, sagte die Mutter. Gottwalt hatte Kopf und Ohren noch in der goldnen Morgenwolke der Dichtkunst, und außen vor der Wolke stehe, kam es ihm vor, der ferne Plato als Sonnenball und durchglühe sie. Der Kandidat Schomaker sah scharf auf den Pfalzgrafen und passete auf Entscheidungen. Aus religiöser Freiheit glaubte er, überall zu sündigen, wo er eilen sollte und wagen. Daher hatt' er nicht den chirurgischen Muth, seine Schulkinder ordentlich zu prügeln — er ängstigte sich vor möglichen Frakturen, Wundfiebern und dergleichen — sondern er suchte sie von weitem zu züchtigen, indem er in einer Nebenkammer dem Züchtling entsetzliche Zerrgesichter vorschnitt.

„Meine Meynung, — fing Knol mit bösem Niederzug seiner schwarzwaldigen Augenbrauen an — ist ganz kurz diese: Dergleichen ist warlich rechter Zeitverderb. Ich verachte einen Vers nicht, wenn er lateinisch ist, oder doch gereimt. Ich machte selber sonst als junger Gelbschnabel dergleichen Possen und — schmeichl' ich mir nicht —, etwas andere als diese. Ja als comes palatinus kreier' ich ja eigenhändig Poeten, und kann sie also am wenigsten ganz verwerfen. Kapitalisten oder Rittergutbesitzer, die nichts zu thun und genug zu leben haben, können in der That Gedichte machen und lesen, so viele sie wollen; aber nur kein gesetzter Mensch, der sein gutes, solides Fach hat und einen vernünftigen Juristen vorstellen will — der soll es verachten, besonders Verse ohne allen Reim und Metrum, dergleichen ich 1000 in einer Stunde hecke, wenns seyn muß" —

Vult genoß still den Gedanken, daß er in Haßlau schon Zeit und Ort finden werde, dem Pfalzgrafen durch Oel ins Feuer und durch Wasser ins brennende Oel zur Belohnung irgend ein Bad zu bereiten und zu gesegnen. — Und doch konnt' ers vor Zorn kaum aushalten, wenn er bedachte, daß der Kandidat und der Pfalzgraf so lange da standen, ohne des erfreuenden Testaments zu gedenken. Hätt' er sehen und schreiben können, er hätte einen Stein mit einem Rapportwickel als sanfte Taubenpost durchs Fenster fliegen lassen.

„Hörst du? sagte Lukas. Sie sind auch eben nicht schön geschrieben, wie ich sehe" und machte blätternd einen Versuch, das Manuskript ins Licht hinein zu halten. Aber der bisher halbgesenkt in die Flamme blikkende Dichter entriß es ihm plötzlich mit greifender Faust. — „In den Nebenstunden aber denn doch so

etwa?« fragte Schomaker, für welchen der einzige Titel
Hoffiskal einen Rupprechtzwilling und Doppelhaken
in sich faßte; denn schon, wo einem Worte Hof oder
Leib zum Vorsprung anhing — und wars an einem
Hofpauker oder Leibvorreiter —: da sah er in eine ge-
helmte Vorrede (praefatio galeata) und hatte seine
Schauer; wie vielmehr bei dem Worte Fiskal, das
jeden auf Pfähle oder in Thüren zu stecken drohte.

"In meinen Nebenstunden, versetzte Knol, las ich
alle mögliche, auftreibliche Aktenstücke und wurde vielleicht das, was ich bin. Ueberspannte Floskeln hingegen
greifen zuletzt in dem Geschäftstyl Platz und vergiften
ihn ganz; ein Gericht weiset dergleichen dann zurück als
inept. — Natürlich denn und verzeihlich daher, (fing
Schomaker als Selbstkrummschließer an) daß ich aus
Unkunde der Rechtkunde, diese mit der Poesie verein-
baren wollen; aber ganz wahrscheinlich deshalb, daß
H. Harnisch, seinem alleinigen Fache heißer sich wei-
hend, nun ganz vom poetischen absteht: nicht gewiß,
gewiß H. Notar?

Da fuhr und schnaubte der bisher sanfte Mensch —
den Abfall des sonst lobenden Lehrers für eine Hof-
männerei ansehend, die gleich einem Barbiermesser sich
vor- und rückwärts beugt, obgleich Schomaker blos nicht
fähig war, so auf der Stelle, in der Schnelle, einem
Throndiener gegenüber, und bei der Liebe für den Schüler im Herzen sogleich das Jus auszufinden, sondern
immer zu leicht fürchtete, unter der Hand gegen seinen
Fürsten zu rebellieren, indeß er sonst bei dem Bewußtseyn des Rechts jeder Noth und Gewalt entgegengezogen
wäre — da schnaubte der sanfte Walt wie ein getrof-
fener Löwe empor, sprang vor den Kandidaten, und

ergriff dessen Achseln mit beiden Händen und schrie aus lang gemarterter Brust so heftig auf, daß der Kandidat wie vor nahem Todschlag aufhüpfte: "Kandidat! bei Gott, ich werde ein guter Jurist von fleißiger Praxis, meiner armen Eltern wegen. Aber Kandidat, ein Donnerkeil spalte mein Herz, der Ewige werfe mich dem glühendsten Teufel zu, wenn ich j den Streckvers lasse und die himmlische Dichtkunst."

Hier sah er wild ausfordernd umher und sagte wichtig: ich dichte fort — alle schwiegen erstaunt — in Schomaker hielt noch halbes Leben — Knol allein zeigte ein grimmiges, eisernes Lächeln — auch Vult wurde auf seinem Aste wild, schrie: recht, recht und griff blindlings nach unreifen Pelzäpfeln, um eine Handvoll gegen die prosaische Session zu schleudern. — Darauf ging der Notar als Sieger hinaus, und Goldine ging ihm mit dem Murmeln nach: es geschieht Euch recht, Ihr Prosaner! —

Wider Vults Erwarten stellte der Notarius sich unter seinen Apfelbaum, und hob nach der Sternenseite des Lebens, nach dem Himmel, das beseelte Antlitz, auf welchem alle seine Gedichte und Träume zu zählen waren. Beinahe wäre der Flötenspieler auf die verletzte Brust als ein weicher Pfühl herabgefallen; er hätte gern den nassen guten Sangvogel, dem es wie der Lerche gegangen, die auf das todte Meer, als wäre es blühendes Land, heruntergestürzt und darin ersäuft, hoch unter die trocknende Sonne gehalten; aber Goldinens Ankunft verbot die schöne Erkennung, sie nahm Walts Hand, aber er schaute noch immer mit tauben Augen nach der Höhe, wo nur helle Sterne, keine trübe Erde standen: H. Gottwalt, sagte sie, denken Sie nicht mehr über die prosaischen Pinsel. Sie haben sie abgetrumpft. Dem Juristen streu ich heute noch Pfeffer in den Taback und dem Kandidaten Taback in den Pfeffer." "Nein liebe Goldine, fing er mit schmerzlich sanfter Stimme an, nein, ich war es heute nicht werth, daß mich der große Plato küsse. War es denn möglich? — Gott! es sollte ein froher letzter Abend werden. — Theuere Eltern geben schwer erdarbtes Geld zum Notariate her — der arme Kandidat gibt mir von Kindesbeinen an Lehrstunden fast in allem — Gott segnet mich mit dem Himmel an Platos Herzen — — und ich Satan fahre so höllisch auf! O Gott, o Gott! — Aber mein alter Glaube, Goldine, wie trift er immer ein: nach jeder rechter, inniger Seligkeit des Herzens folgt ein schweres Unglück."

"Das dacht' ich gleich, sagte Goldine zornig, man schlage Sie ans Kreuz, so werden Sie eine festgenagelte Hand vom Queerbalken losarbeiten, um damit einem Kriegknecht seine zu drücken. — Haben denn Sie oder die Strohköpfe droben den heutigen Weinmonat, ich möchte sagen zum Weinessigmonat, versäuert?" "Ich kenne, versetzte er, keine andere Ungerechtigkeiten gewiß und genau, als die ich an andern verübe; — die so andere an mir begehen, können mir wegen der Ungewißheit der Gesinnungen nie ganz klar und entschieden seyn. Ach es gibt ja mehr Irthümer des Hasses als der Liebe. Wenn nun einmal eine Natur, welche die Antithese und Dissonanz der meinigen ist, existiren sollte, wie von allem die Antithesen: so könnte sie mir ja leicht begegnen; und da ich eben so wohl ihre Dissonanz bin, als sie meine, so hab' ich nicht mehr über sie zu klagen, als sie über mich."

Goldine konnte, wie Vult, nichts gegen diese Denkweise einwenden, aber beiden war sie äußerst verdrüßlich. Da rief sanft die Mutter den Sohn und heftig der Vater: "renne, Peter, renne, wir stehen im Testament, und werden vorbeschieden auf den 13ten hujus."

N^{ro}. 11.   Fisetholz.

Lust=Chaos.

Der Pfalzgraf hatte das Erstarren über Walts Sturmlaufen mit der Bemerkung flüssiger gemacht, daß der "Sansfaçon" es nicht verdiene, in einem wichtigen Testamente zu stehen, zu dessen Eröffnung er ihn vorzuladen habe, und dessen Bedingungen sich eben nicht sehr mit der Reimerei vertrügen. Da war das Anschlagerad und der Dämpfer gerichtlich von des Schulmeisters ton= und wortvoller Seele abgehoben, und er konnte nun alle Glocken läuten — er wußte und gab die angenehmsten Artikel des Testaments, welche der Fiskal durch die unangenehmen ganz bestätigte. Der Kandidat handelte solange ungewöhnlich sanft nach einer Beleidigung, bis man ihn ersuchte, sie zu vergeben. Lukas rief schon im halben Hören Walten wie toll hinein, um nur etwas zu reden.

Von zarter Schamröthe durchdrungen erschien dieser — niemand gab auf ihn Acht — man steckte im Testamente, ausgenommen Knol. Dieser hatte gegen den Jüngling seit dessen Vorlesen einen ordentlichen Haß gefaßt — so wie die Musik zwar Nachtigallen zum Schlagen reizt, aber Hunde zum Heulen — weil ihm der eine Umstand, daß ein so schlechter poetischer Jurist mehr als er erben sollte, (was seinen Fiskalischen Kern anfraß) mehr wehe that, als der andere süß, daß sein Eigennutz selber keinen Erben hätte auslesen können, der geschickter wäre, die Erbschaft zu verscherzen.

Walt hörte gerührt der Wiederholung und Forterzählung der Erbämter und der Erbstücke zu. Als um Lukas Ohren jetzt die Worte 11,000 Georgd'ors in der Südseehandlung und zwei Frohnbauern sammt Feldern in Elterlein flatterten, stand sein Gesicht, das der plötzliche warme Süd-Zephyr des Glückes umspühlte, wie zergangen und verblüht da, und er fragte: den 15ten? 11,000? — Darauf warf er seine Mütze, die er in der Hand hatte, weit über die Stube weg — sagte: den hujus dieses? — Darauf schleuderte er ein Bierglas gegen die Stubenthüre über Schomakern weg: Gerichtmann, rief die Frau, was ist Euch? — "Ich habe so mein Gaudium, sagte er. Nun aber komme mir der erste beste Hund aus der Stadt, ich will ihn kaufen; breit tret ich das Vieh. Und wir werden alle geadelt, wie wir hier sitzen, und ich bleibe der adeliche Gerichtherr — oder ich werde der Gerichthalter und studiere. Und auf meine Kabelschen Grundstücke säe ich nichts als Reps."

"Mein Freund, sagte verdrüßlich der Fiskal, Sein poetischer Sohn hat noch vorher einige Nüsse aufzubeißen, dann ist d e r, der Erbe." — Mit Freudenthränen trat der Notar zum enterbten Fiskal, und zog dessen zähe Hände mit der Versicherung an sich: "glauben Sie mir, Freudenbote und Evangelist, ich werde alles thun, um die Erbschaft zu erringen, alles was Sie gefodert haben„ — (Was wollt Ihr mit mir, sagte Knol die Hände wegziehend) denn ich thue es ja für Menschen, (fuhr Walt fort, alle andere ansehend) die noch mehr für mich gethan, vielleicht für den Bruder, wenn er noch lebt. Sind denn die Bedingungen nicht so leicht, und die letzte so schön, die vom Pfarrer werden? — Der gute Van der Kabel! Warum ist er denn so gut gegen uns? Ich entsinne mich seiner lebhaft, aber ich dachte, er liebte mich nicht. Doch mußt' ich ihm meine Streckverse vorlesen. Kann man denn zu gut von den Menschen denken?

Vult lachte, und sagte: kaum!

Ganz blöde und schamhaft trat Walt zu Schomaker mit den Worten: vielleicht verdanke ich der Dichtkunst die Erbschaft, — und gewiß die Dichtkunst dem Lehrer, der mir die vorige Minute vergebe!„ —

"So sey vergessen, versetzte dieser; daß man mich vorhin nicht einmal mehr Herr genannt, was doch so allgemein. Wonne herrsche jetzt! — Aber Ihr H. Bruder, dessen Sie gedachten, lebt noch im Flore. Ein lebhafter H. Van der Harnisch vergewisserte mich dessen, zog mich aber in eine unerlaubte Ausschwatzung Ihres Hauses hinein, für die mir Ihre Verzeihung so wenig entstehe, als Ihnen die meine!„

Der Notar rief es durch das Zimmer, der Bruder lebe noch. Im erzgebirgischen Elterlein traf ihn der Herr in der Stadt," sagte Schomaker. — "O Gott, er kommt gewiß heut oder morgen, beste Eltern, rief Walt entzückt." — "'Soll mir lieb seyn, sagte der Schulz, ich werd' ihm unter der Hausthüre mit der Habernsense die Beine abmähen, und ihn mit einem

Holzapfel erstecken, einen solchen Bagabunden!" — Gottwalt aber trat zu Goldinen, die er weinen sah, und sagte: o ich weiß es worüber, Gute — und setzte leise hinzu: über das Glück Ihres Freundes." — Ja bei Gott! antwortete sie, und sah ihn entzückter an.

Die Mutter warf nur die Bemerkung, wie oft ihr Gemüth durch ähnliche Sagen von ihres guten Kindes Wiederkunft betrogen worden, flüchtig unter die Männer, um sich blos mit dem verdrüßlichen Fiskale abzugeben, welchem sie freundlich alle bösen Klauseln des Testaments deutlich abfragte. Den Pfalzgrafen aber verdroß das von seiner Erbporzion bestrittene Freudenfest am Ende dermaßen, daß er hastig aufstand, die Zitaziongebühren im Namen des Rathdieners forderte, und den männlichen Jubelköpfen die Hoffnung aufsagte, ihn am Abendtische unter sich zu haben, weil er lieber, gab er vor, bei dem Wirthe drüben speise, der schon seinem Vater ein Darlehn schuldig sei, wovon er seit so vielen Jahren, so oft er Gericht halte, etwas abesse und abtrinke, um zu dem Seinigen zu kommen.

Als er fort war, stieg Veronika auf ihre weibliche Kanzel, und hielt ihre Brandpredigten und Inspekzionreden an die Männer: sie müßten's haben, wenn der Fiskal ihnen das Kapital aufkündigte; ihr Frohthun habe ihn als einen ausgeschlossenen Erben ja verschnupfen müssen. — "Zieht denn aber Er oder ich die Interessen für jetzt, he? — Er!" sagte Lukas. — Schomaker fügte noch den Bericht bei, daß schon der Frühprediger Flachs das Kabelsche ganze Haus in der Hundgasse durch weniges Weinen erstanden. Der Schulz fuhr klagend auf und versicherte, das Haus sei seinem Sohne so gut wie gestohlen; denn weinen könne jeder; dieser aber sagte, es tröst' ihn ordentlich über sein Glück, daß ein anderer armer Erbe auch etwas habe. Veronika versetzte: "du hast noch nichts. Ich bin nur eine Frau, aber im ganzen Testamente merk' ich eine Partitenmacherei. Seit vorgestern wurde schon im Dorfe von Erbschaften gemunkelt von fremden Stadtherren, ich sagte aber gern meinem Gerichtmanne nichts. Du, Walt, hast gar kein Geschick zu Welthändeln; und so können leicht 10 Jahre verstreichen, und du hast nichts, und bist doch auch nichts; wie dann, Gerichtmann!" — So schlag' ich ihn, sagte dieser, todt, wenn er nicht so viel Verstand zeigt, wie ein Vieh; und von Dir, Bronel, wars auch keiner, mich nicht zu avertieren. —

"Ich verpfände mich, sagte Schomaker, für H. Notars Finesse. Poeten sind durchtriebene Füchse, und haben Wind von allem. Ein Grotius, der Humanist, war ein Gesandter — ein Dante, der Dichter, ein Staatmann, ein Voltaire, der beides, auch beides."

Vult lachte, nicht über den Schulmann, aber über den gutherzigen Walt, als dieser sanft beifügte: "ich habe vielleicht aus Büchern mehr Weltklugheit geschöpft, als Ihr denkt, liebe Mutter. — Aber nun nach 2 Jahren, allgütiger Gott! — Wenigstens malen wollen wir uns heute die glänzende Zeit, wo alle hier frei und freudig leben, und ich nichts von allem brauche und wünsche, weil ich zu glücklich auf zwei alten heiligen Höhen wohne, auf der Kanzel und dem Musenberg" — "Du sollst dann auch, sagte Lukas, streckversen den ganzen Tag, weil du doch ein Narr darauf bist, wie dein Vater aufs Jus." — "Jetzt aber werd' ich sehr aufmerksam, sagte Walt, das Notarienwesen treiben, besonders da ich es als mein erstes vorgeschriebenes Erbamt versehe; das Advozieren kann nun wol wegbleiben." —

Seht Ihr, rief die Mutter, er will nur wieder recht über seine langen Verse her, denn er hats ja vorhin so gotteslästerlich beschworen — ich hab' es nicht vergessen, Walt!"

"So wollt' ich doch, daß Donner und Teufel — rief Lukas, der rein=froh seyn wollte — muß man denn aus jedem Thurmknopf einen Nadelknopf machen wie du?" Er wollte gerade das Umgekehrte vorbringen. Er zog den Ehemann=Vexierzug: schweig! Sie thats immer sogleich, wiewol mit dem Entschluß, etwas später erst recht anzufangen.

Man schritt zur Abendtafel wie man da stand, Walt im Schanzloope obgleich in der Heuernbte, weil er sein Nankingröckchen schonte. Goldinens Freudenwein war mit vielen Thränen über die Trennung des Morgens gewässert. Der Notar war unendlich entzückt über die Entzückung des Vaters, welcher allmälig, da er sie ein wenig verdauet hatte, nun milder wurde und anfing, mit Trenchiermesser und Gabel der noch fliegenden gebratenen Taube der Erbschaft entgegen zu gehen, und dem Sohne zum erstenmal in seinem Leben zu sagen: du bist mein Glück. So lange verharrte Vult auf dem Baume. Als aber die Mutter nun erst die ausführlichen Berichte Schomakers über den Flötenspieler um ihr warmes Herz versammeln wollte, stieg er, um nichts zu hören, weil ihm der Tadel bitterer war als das Lob süß, vom Baume herunter, schon beglückt genug durch den Bruder, dessen Unschuld und Dichtkunst ihn so liebend=eng umstrickten, daß er gern die Nacht im Abend=roth ersäuft hätte, um nur den Tag zu haben, und den Poeten an der Brust.

No. 12. Unächte Wendeltreppe.

Reiterstück.

Früh am bethaueten blauen Morgen stand der Notar schon unter der Hausthüre reit- und reisefertig. Er hatte statt des Schanzloopers den guten gelben Sommer- und Frühlingrock von Nanking am Leibe, weil er als Universalerbe mehr aufwenden konnte, einen runden, weißen, braungeflammten Hut auf dem Kopf, die Reitgerte in der Hand, und Kindthränen in den Augen. Der Schulz rief halt, sprang zurück, und sogleich wieder her mit Kaiser Maximilians Notariatordnung, die er ihm in die Tasche steckte. Drüben vor dem Wirthhause stand der knappe flinke Student Vult im grünen Reisehut, und der Wirth, welcher der Familien-Antichrist und ein Linker war. Das Dorf wußte alles und paßte. Es war des Universalerben erster Ritt in seinem Leben. Veronika — die ihm den ganzen Morgen Lebensregeln für Eröffnung und Erfüllung des Testaments vorgezeichnet hatte — zerrete den Schimmel am langen Zügel aus dem Stall. Walt sollte hinauf.

Ueber den Ritt und Gaul wurde von der Welt schon viel gesprochen. — mehr als ein Elterleiner versuchte davon ein leidliches Reiterstück zu geben, lieferte aber freilich mehr die rohen Farbhölzer auf die Leinwand als deren feinsten Absud — auch ist das mein erstes Thierstück, von Belang, das ich in die Gänge dieses Werks aufhänge und festmache — —: ich werde demnach einige Mühe daran wenden, und die größte Wahrheit und Pracht.

In der Apokalypsis stand so lang ein alter verschimmelter Schimmel, bis ihn der Fleischer bestieg, und aus ihr in die Zeit herüberritt. Der poetische Lenz liegt weit hinter dem Gaul, wo er eignes Fleisch statt des fremden trug, und mit eignen Haaren den Sattel auspolsterte; er hat das Leben und den Menschen — dieses reitende Folterpferd der wunden Natur — zu lange getragen. Der aus zitternden Fühlfaden gesponnene Notar, der den Tag vorher im Stalle, um dessen Keilschrift der Zeit, um die Stigmen von Sporen, Sattel und Stangengebiß herum ging, hätte für Geld keinen Finger in die Narben legen können, geschweige am Tage darauf die Knutenschneide oder den Sporendolch. Hätte doch der Himmel dem Konföderazionthiere des Menschen nur irgend einen Schmerzenlaut bescheert, damit der Mensch, dem das Herz nur in den Ohren sitzt, sich seiner erbarmte. Jeder Thierwärter ist der Plagegeist seines Thiers; indeß er gegen ein anderes, z. B. der Jäger gegen das Pferd, der Fuhrmann gegen den Jagdhund, der Offizier gegen Leute außer dem Soldatenstande, ein wahres weichwolliges Lamm ist.

Dieser Schimmel betrat am Morgen die Bühne. Der Notar hatte den Tag vorher den Gaul an eine seiner Gehirnwände festgebunden und — wie die **rechte** Seite des **Konvents** und des **Rheins** — sich immer die **linke** vorgestellt, um daran aufzusteigen; — in alle Stellungen hatt' er in seinen 4 Gehirnkammern das Schulroß gedreht, geschwind es links bestiegen, und so sich selber völlig zugeritten für den Gaul. Dieser wurde gebracht und gewandt. Gottwalts Auge blieb fest an den linken Steigbügel gepicht — aber sein Ich wurd' ihm unter den Händen zu groß für sein Ich — seine

Thränen zu dunkel für sein Auge — er besteige, merkt' er, mehr einen Thron als einen Sattel — die linke Roßseite hielt er noch fest; nur kam jetzt die neue Aufgabe, wie er die eigne linke so damit verknüpfen könnte, daß beide die Gesichter vorwärts kehrten. —

Wozu die teuflische Quaal! Er probierte, wie ein preußischer Kavallerist, rechts aufzuspringen. Pfiffen Leute, wie Vult und der Wirth, seine Probe aus, so zeigten sie weiter nichts, als daß sie nie gesehen hatten, wie ämsig preußische Kavalleristen auf dem rechten Bügel aufsitzen lernen, um gesattelt zu seyn, falls einmal der linke entzweigeschossen wird.

Auf dem Sattel hatte nun Walt als Selbst-Quartiermeister das Seinige zu thun, alles zu setzen — sich gerade und sattelfest —, auszubreiten — die Finger in die Zügel, die Rockschöße über den Pferderücken —, ein uschichten — die Stiefel in die Steigeisen —; und anzufangen — den Abschied und Ausritt.

An letztern wollte der gesetzte Schimmel nicht gerne gehen. Walts delikates Rückwärtsschnalzen mit der Gerte war dem Gaule so viel, als witze man ihn mit einem Pferdehaar. Ein Paar mütterliche Handschläge auf den Nacken nahm er für Streicheln. Endlich kehrte der Gerichtmann eine Heugabel um, und gab ihm mit dem Stiel auf den Hinterbacken einen schwachen Ritterschlag, um damit seinen Sohn als Reiter aus dem Dorfe in die Welt zu schicken, sowol in die gelehrte als schöne. Das war dem Thier ein Wink, bis an den Bach vorzuschreiten; hier stand es vor dem Bilde des Reiters fest, kredenzte den Spiegel, und als der Notar droben mit unsäglicher Systole und Diastole der Füße und Bügel arbeitete, weil das halbe Dorf lachte, und der

Wirth ohnehin, glaubte der Harttraber seinen Irrthum des Stehens einzusehen, und trug Walten von der Tränke wieder vor die Stallthüre hin, stört' aber die Rührungen des Reiters bedeutend.

"Wart nur!" sagte ins Haus laufend der Vater, kam wieder und langte ihm eine Büchsenkugel zu: "setz' ihm die ins Ohr, sagt' er, so will ich kavieren, er zieht aus, weil doch das Blei die Bestie kühlen muß, glaub ich."

Kaum war das Rennpferd, wie ein Geschütz, mit dem Kopf gegen das Thor gerichtet, und das Ohr mit der Schnellkugel geladen: so fuhr es durchs Thor und davon; — und durch das mit Augen bestellte Dorf und vor des Kandidaten Glückwunsch flog der Notarius vor= über, oben sitzend, mit dem Giesbuckel des ersten Ver= suchs, als ein gebogenes Komma. "Weg ist er!" sagte Lukas, und ging zu den Heuschobern hinaus. Still wischte die Mutter mit der Schürze das Auge und fragte den Großknecht, worauf er noch warte und gaffe. Nur Ein weinendes Auge hatte Goldine mit dem Tuche be= deckt, um mit dem andern nachzublicken, und sagte: es geh Ihm gut, und ging langsam in sein leeres Studier= stübchen hinauf.

Vult eilte dem reitenden Bruder nach. Als er aber vor dem Maienbaume des Dorfs vorüber ging, und am Fenster die schönäugige Goldine und im Hausgärtchen die einsame Mutter erblickte, die mit tropfenden Augen, noch im Sitzen gebückt, große Bohnen steckte und Knob= lauch band: so überströmte seines Bruders warmes mil= des Blut plötzlich sein Herz, und er lehnte sich an den Baum und blies einen Kirchenchoral, damit beider Au= gen sich süßer löseten, und ihr Gemüth aufginge; denn er hatte an beiden den kecken scharfen Seelen-Umriß innigst werth gewonnen.

Es war Schade, daß der Notarius, der sammt dem Schimmel auf Wiesenflächen zwischen grünschimmernden Hügeln, im blauen wehenden Tage flog, es nicht wußte, daß hinter ihm sein Bruder sein fernes Dörfchen und gerührte liebe Herzen mit Echos erfülle. Oben auf einem Berge legte Walt sich auf den Hals des Flugpferds, um aus dem Ohr die Druckkugel zu graben. Da er sie erwischt hatte; so trat das Thier wieder gesetzter einher, als ein Mensch hinter einer Leiche; und nur der Berg schob es herunter, und in der Ebene ging es, wie ein silberner glatter Fluß, unmerklich weiter.

Itzt genoß der zur Ruhe gesetzte Notarius ganz seine sitzende Lebensart auf dem Sattel, und den weiten singenden Tag. Sein hoher Aufenthalt auf der Sattelwarte stellte ihm, diesem ewigen Fußgänger, alle Berge und Auen unter ihn, nnd er regierte die glänzende Gegend. An einer neuen Anhöhe stieg ein Wagenzug von sieben Fuhrleuten auf, den er gern zu Pferde eingeholt und überritten hätte, um nicht in seinen Träumen durch ihr Umschauen gestört zu werden; aber am Hügelfuße wollte der gerittene Blondin so gut die Natur genießen — die für ihn in Gras bestand — als der reitende, und stand sehr fest. Walt setzte sich zwar anfangs dargegen und stark, wirkte auf viele Seiten des Viehs vor- und rückwärts; aber da es auf dem Feststehen bestand, ließ ers fressen und setzte sich selber herum auf dem Sattel, um die ausgedehnte Natur hinter sich mit seligen Blicken anszumessen und gelegentlich diese sieben spöttischen Fuhrhemden so weit vorauszulassen, daß ihnen nicht mehr unter die Augen nachzureiten war.

Am Ende kommt doch eines, ein Ende, — der Bereiter wünschte am Hügelfuße, als er sich wieder vorwärts gesetzt, sich herzlich von der Stelle, und etwa hinauf; denn die sieben Plejaden mußten nun längst untergegangen seyn. Auch sah er den netten Studenten nachkommen, der das Besteigen gesehen. Aber setzte irgend jemand besondern Werth auf Erndte-Ferien, so thats der Schimmel, — vor solcher Anhöhe vollends stand er im Drachenschwanz, im aufsteigenden Knoten — die Zäume, die Fußbälle auf der Erde, alle brachten ihn nicht vorwärts.. Da nun der Notar auch die lebendige Quecksilberkugel jetzt nicht wieder mit diesem fixierten weißen Merkurius verquicken wollte — wegen der unglaublichen Mühe, sie aus dem Ohr zu fischen: — so saß er lieber ab, und spannte sich seiner eigenen Vorspan vor, indem er sie durch den Flaschenzug des Zügels wirklich hinauf wand. Oben blühte frische Noth; hinter sich sah er eine lange katholische Wallfart nachschleichen, gerade vor sich unten im langen Dorfe die böse Fuhr-Sieben trinken und tränken, die er einholen mußte, er mochte wollen oder nicht.

Es grünte ihm auf der andern Seite Hoffnung, aber fruchtlos; er hatte Aussichten, durch des Kleppers Allegro ma non troppo den haltenden Fuhrleuten ziemlich vorzusprengen; er ritt erheitert in starkem Schritt den Berg hinab, ins Dorf hinein; — aber da kehrte das Filialpferd ohne sonderliches Disputieren ein, es kannte den Wirth, jeder Krug war seine Tochter-, jeder Gasthof seine Mutterkirche: "gut, gut, sagte der Notar, anfangs wars ja selber mein Gedanke" — und befahl unbestimmt einem Unbestimmten, dem Gaule etwas zu geben. Jetzt kam auch der flinke Grünhut nach. Vults

Herz wallete auf vor Liebe, da er sah', wie der erhitzte schöne Bruder von der schneeweißen Bogenstirn den Hut lüftete, und wie im Morgenwehen seine Locken das zarte mit Rosenblute durchgossene kindliche Gesicht anflatterten, und wie seine Augen so liebend und anspruchlos auf alle Menschen sanken, sogar auf das Siebengestirn. Gleichwol konnte Vult den Spott über das Pferd nicht lassen: der Gaul, sagt' er mit seinen schwarzen Augen auf den Bruder blitzend und die Mähne streichelnd, geht besser, als er aussieht; wie ein Musenpferd schwang er sich über das Dorf. — Ach das arme Thier! sagte Walt mitleidig, und entwafnete Bulten.

Sämmtliche Passagiere tranken im Freien — die Pilgrimme gingen singend durchs Dorf — alle Thiere auf dem Dorfe und in der Luft wieherten und kräheten vor Lust — der kühlende Nord=Ost durchblätterte den Obstgarten, und rauschte allen gesunden Herzen zu: weiter hinaus ins freie weite Leben! — "Ein sehr göttlicher Tag, sagte Vult, verzeihen Sie, mein Herr!" Walt sah ihn blöde an, und sagte doch heftig: "o gewiß mein Herr! Die ganze Natur stimmt ordentlich ein jubelndes Herzerfrischendes Jagdlied an, und aus den blauen Höhen tönen doch auch sanfte Alphörner herunter."

Da hingen die Fuhrleute die Gebisse wieder ein. Er zahlte schnell, nahm den Ueberschuß nicht an, und saß im Wirrwarr auf, willens, allen vorzufliegen. Es ist ein Grundsatz der Pferde, gleich den Planeten, nur in der Sonnennähe eines Wirthhauses schnell zu gehen; aber langsam daraus weg ins Aphelium; der Schimmel heftete seine vier Fußwurzeln als Stifte eines Nürnberger Spielpferdes fest ins lackierte Brett der Erde, und behauptete seinen Ankerplatz. Der bewegte Zaum war nur sein Ankertau — fremde leidenschaftliche Bewegung setzt' ihn in eigne nicht — umsonst schnalzte der leichte Reiter in grün=atlassener Weste und mit braunen Hut=flammen, er konnte eben so gut den Sattel über einen Bergrücken geschnallet haben und diesen spornen.

Einige der sanftesten Fuhrleute bestrichen die Hinterbeine des Quietisten; er hob sie, aber ohne vordere. Lange genug hatte nun Walt auf sein Mitleiden gegen das Vieh gehört; jetzt warf er ohne Weiters dem Trauerpferd den Schusser ins Ohr — die Kugel konnte die Massa, den Quee fortstoßen ins grüne Billard. Walt flog. Er rauschte schnell dicht hinter der Hühner=Kette von Pilgern, die scheu auseinander spritzte, bis leider auf eine an der Spitze gehende Taubvorsängerin, die Reiten und Warnen nicht vernahm — umsonst zupften seine sterbenden Finger voll Todesnoth im Ohr, und wollten Kugelzieher sein — seine fliegende Kniescheibe rannte an ihr Schulterblatt und warf sie um — sie erstand schleunigst, um frühe genug, unterstützt von allen ihren Konfession=Verwandten, ihm über alle Beschreibung nachzufluchen. Weit hinter dem Fluchen bracht' er nach langer Ballotage die Glück= und Unglückkugel zwischen dem Daumen und Zeigefinger heraus, theuer schwörend, nie dieses Oberon=Horn mehr anzusetzen.

Wenn er freilich jetzt die Bestie wie eine Harmonika traktierte, nämlich langsam — so daß jeder die größten Schulden auf ihr absitzen konnte, sogar ein Staat, wenns anders für diesen einen andern Schuldthurm geben könnte, außer dem Babelthurm —: — so wär' es wol gegangen, hätt' er sich nicht umgedreht und gesehen, was hinter seiner Statua equestris und curulis zog; ein Heer sah er, setz' ihm hitzig mit und ohne Wagen nach, Pilger voll Flüche, sieben weiße Weisen voll Spas, und der Student. Der menschliche Verstand muß sehr irren, oder an dem, was er nachher that, hatte die Vermuthung aus dem vorigen großen Theil, daß der nachschwimmende Hintergrund nicht nur seinen Durchgang durch ein rothes Meer erzwingen, sondern daß sogar das Meer selber mit ihm gehen würde; weil er auf seinem lebendigen Laufstuhl niemand zu entrinnen vermochte. Schon das bloße Zurückdenken an den Nachtrab mußte wie Lärmtrommeln, in die schönsten leisen Klänge fahren, die er jetzt am blauesten Tage aus den Himmel=Sphären seiner Phantasie leicht herunter hören konnte.

Deshalb ritt er geradezu aus der Landstraße über Wiesen in eine Schäferei hinein, wo er halb gleichgültig gegen lächerlichen Schein, halb mit erröthender Ruhmliebe — für Geld, gute Worte und sanfte Augen — es sich von der Schäferin erbat, daß dem Schimmel so lange — denn er verstand nichts von Roß=Diätetik — Heu vorgesetzet würde, bis etwan die Feinde sich eine Stunde voraus= und ihn mathematisch gewiß gemacht hatten, daß sie nicht zu ereilen wären, gesetzt auch, sie fütterten zwei Stunden.

So neu=seelig und erlöset setzt' er sich hinter das Haus unter eine schwarzgrüne Linde in den frischen Schatten=Winter, und tauchte sein Auge still in den Glanz der grünen Berge, in die Nacht des tiefen Aethers, und in den Schnee der Silberwölkchen. Darauf stieg er nach seiner alten Weise über die Gartenmauer der Zukunft, und schauete in sein Paradies hinein: welche volle rothe Blumen, und welches weiße Blüthengestöber füllte den Garten! —

Endlich — nach einer und der andern Himmelfart — machte er 3 Streckverse, einen über den Tod, einen über einen Kinderball, und einen über eine Sonnenblume und Nachtviole. Kaum wollte er, da das Pferd Heu genug hatte, von der kühlen Linde fort; er entschloß sich heute nicht weiter zu reisen, als nach dem sogenannten Wirthhaus zum Wirthhaus, eine kleine Meile von der Stadt. Indeß eben in diesem Wirthhaus hatten alle seine Feinde um 1 Uhr Halt und Mittag gemacht; und sein Bruder war da geblieben, um ihn zu erwarten, weil er wußte, daß die Landstraße und der Schimmel und Bruder durch den Hof liefen. Vult mußte lange passen, und seine Gedanken über die nächsten Gegenstände haben z. B. über den Wirth, einen Herrnhuter, der auf sein Schild nichts weiter malen lassen, als wieder ein Wirthhausschild mit einem ähnlichen Schild, auf dem wieder das Gleiche stand; es ist das die jetzige Philosophie des Witzes, die, wenn der ähnliche Witz der Philosophie das Ich-Subjekt zum Objekt und umgekehrt macht, eben so dessen Ideen sub-objektiv wiederscheinen lässet; z. B. Ich bin tiefsinnig und schwer, wenn ich sage: Ich rezensiere die Rezension einer Rezension vom Rezensieren des Rezensierens, oder ich reflektiere auf das Reflektieren auf die Reflexion einer Reflexion über eine Bürste. Lauter schwere Sätze von einem Wiederschein ins Unendliche, und eine Tiefe, die wol nicht jedermanns Gabe ist; ja vielleicht darf nur einer, der im Stande ist, denselben Infinitiv, von welchem Zeitwort man will, im Genitiv mehrmals hintereinander zu schreiben; zu sich sagen: ich philosophire.

Endlich um 6 Uhr hörte Vult, der aus seiner Stube sah, den Wirth oben aus dem Dachfenster rufen:

he, Patron, scheer' er sich droben weg! — Will Er ins Guguks Namen wegreiten? —. Das Wirthhaus stand auf einem Birkenhügel. Gottwalt war seitwärts aus dem Wege an den Herrnhutischen Gottesacker hinaufgeritten, aus welchem der Schimmel Schoten aus den Staketen zog, während der Herr das dichterische Auge in den zierlichen Garten voll gesäeter Gärtner irren ließ. Wiewol er den Kalkanten der groben Pedalstimme nicht durch die Birken sehen konnte: so zog er doch — da den Menschen überhaupt nach einer Grobheit feinstes Empfinden schwer verfolgt — sogleich den rupfenden Rüssel aus dem Spaliere auf, und gelangte bald mit den Schoten im nassen Gebisse vor der Stallthür' an.

Er that an den sehr ernst unter seiner Thüre stehenden Wirth von Fernen — umsonst wollt' er gar vor ihn hinreiten — barhaupt am Stalle die Frage, ob er hier mit seinem Gaul logieren könne.

Ein ganzer heller Sternenhimmel fuhr Bulten durch die Brust und brannte nach.

Auch der Wirth wurde sternig und sonnig; aber wie wär' er — sonst hätt' er höflicher aus dem Dache gesprochen — darauf gekommen, daß ein Passagier zu Pferde in dieser Nähe der Stadt und Ferne der Nacht ihn mit einem Stilllager beehren werde. — Als er wahr nahm, daß der Passagier ein besonderes Vieleck oder Dreieck mit dem rechten Beine über dem Gaule, absitzend beschrieb, und daß er die schweren mit einem organisierten Sattel behangenen Schenkel ins Haus trug, ohne weiter nach dem Thiere oder Stalle zu sehen: so wußte der Schelm sehr gut, wen er vor sich habe; und lachte zwar nicht mit den Lippen, aber mit den Augen den Gast aus, ganz verwundert, daß dieser ihn für ehrlich, und es für möglich hielt, er werde den Hafer, den er morgen in die Rechnung eintragen könnte, schon heute dem Schimmel vorsetzen.

„Nun geht, sagte Vult bildlich, der mit Herzklopfen die Treppe hinab dem Bruder entgegen ging, ein ganz neues Kapitel an." Unbildlich geschiehts ohnehin.

N^{ro}. 13. Berliner Marmor mit glänzenden Flecken.

Vex- und Erkennung.

Unten im Korrelazionsaal und Simultanzimmer der Gäste foderte der Notar nach Art der Reise=Neulinge schnell einen Trunk, eine einmännige Stube und dergleichen Abendmahlzeit, damit der Wirth nicht denken sollte, er verzehre wenig. Der lustige Vult trat ein, that mit Welt=Manier ganz vertraulich, und freute sich sehr des gemeinschaftlichen Uebernachtens: wenn — Ihr Schimmel zu haben ist, sagt' er, so hab ich Auftrag ihn für jemand zu einem Schießpferd zu kaufen, denn ich glaube, daß er steht. „Es ist nicht der meinige, sagte Walt. Er frißet aber brav, sagte der Wirth, der ihn bat, nachzufolgen in sein Zimmer. Als ers aufschloß, war die Abendwand nicht sowol ganz zerstört — denn sie lag ein Stockwerk tiefer unten in ziemlichen Stücken — als wahrhaft verdoppelt — denn die neue lag als Stein und Kalk unten darneben. — „Weiter, fügte der Herrnhuter seelenruhig bei, als der Gast ein wenig erstaunt mit dem großen Auge durch das sieben

Schritt breite Luftfenster durchfuhr, weiter hab' ich im ganzen Hause nichts leer und jetzt ists Sommer." — "Gut, sagte Walt stark und suchte zu befehlen; aber einen Besen!" — Der Wirth lief demüthig und gehorchend hinab.

"Ist unser Wirth nicht ein wahrer Filou?" sagte Vult. "Im Grunde, mein Herr — versetzte jener freudig — ist das für mich schöner. Welcher herrliche lange Strom von Feldern und Dörfern, der herein glänzt und das Auge trägt und zieht; und die Abendsonne und Röthe und den Mond hat man ganz vor sich, sogar im Bette die ganze Nacht!" — Diese Einstimmung ins Geschick und ins Wirthhaus kam aber nicht blos von seiner angebornen Milde, überall nur die übermalte nicht die leere Seite der Menschen und des Lebens vorzudrehen, sondern auch von jener göttlichen Entzückung und Berauschung her, womit besonders Dichter, die nie auf Reisen waren, einen von Träumen und Gegenden nachblitzenden Reisetag beschließen; die prosaischen Felder des Lebens werden ihnen, wie in Italien die wirklichen, von poetischen Myrten umkränzt, und die leeren Pappeln von Trauben erstiegen.

Vult lobte ihn wegen der Gemsenartigkeit, womit er, wie er sehe, von Gipfeln zu Gipfeln setze über Abgründe. "Der Mensch soll, versetzte Walt, das Leben wie einen hitzigen Falken auf der Hand forttragen, ihn in den Aether auflassen und wieder herunter rufen können, wie es nöthig ist, so denk' ich." — "Der Mars, der Saturn, der Mond und die Kometen ohne Zahl stören, (antwortete Vult,) unsere Erde bekanntlich sehr im Laufe; — aber die Erdkugel in uns, sehr gut das Herz genannt, sollte beim Henker sich von keiner fremden laufenden Welt aus der Bahn bringen lassen, wenns nicht etwa eine solche thut, wie die weise Pallas — oder die reiche Zeres — und die schöne Venus, die als Hesper und als Luzifer die Erdbewohner schön mit dem lebendigen Merkur verbindet. — Und erlauben Sie es, mein Herr, so werfen wir heute unsere Soupe's zusammen, und ich speise mit hier vor der Breche, wo das Mondviertel in der Suppe schwimmen, und die Abendröthe den Braten übergolden kann."

Walt sagte heiter Ja. Auf Reisen macht man Abends lieber romantische Bekanntschaften als Morgens. Auch trachtete er, wie alle Jünglinge, stark, viele zu machen, besonders vornehme, unter welche er den lustigen Kauz mit seinem grünen Reisehute rechnete, diesem Gegenhut eines Bischofs, der einen nur innen grünen und außen schwarzen trägt.

Da kam der H. Wirth und der Besen, um den Bau=Abhub und Bodensatz über die Stube hinaus zu fegen; in den linken Fingern hing ihm ein breiter in Holz eingerahmter Schiefer. Er zeigte an, sie müßten ihre Namen darauf setzen, weil es hier zu Lande wie im Gothaischen wäre, wo jeder Dorfwirth den Schiefer am Tage darauf mit den Namen aller derer, die Nachts bei ihm logieret hätten, in die Stadt an die Behörde tragen müßte.

"O man kennt euch Wirthe — sagte Vult, und faste die ganze Tafel — Ihr seid wol eben so begierig dahinter her, was euer Gast für ein Vogel ist, als irgend ein regierender Hof in Deutschland, der gleich Abends nach dem Thor= und Nachtzettel aller Einpassanten greift, weil er keinen bessern Index Autorum kennt, als diesen."

7 *

Vult setzte mit einem angeketteten Schieferstift auf den Schiefer mit Schiefer — so wie unser Fichtisches Ich zugleich Schreiber, Papier, Feder, Dinte, Buchstaben und Leser ist — seinen Namen so: "Peter Gottwalt Harnisch, K. K. offner geschworner Notarius und Tabellio, geht nach Haßlau." Darauf nahm ihn Walt, um sich auch als Notarius selber zu verhören, und seinen Namen und Karakter zu Protokoll und zu Papier zu bringen.

Erstaunt sah er sich schon darauf und schauete den Grünhut an, dann den Wirth, welcher wartete, bis Vult den Schiefer nahm, und dem Wirthe mit den Worten gab: nachher Freund! ce n'est qu'un petit tour que je joue à notre hôte" sagt' er mit so schneller Aussprache, daß Walt kein Wort verstand, und daher erwiederte: Oui. Aber durch seinen verwirrten Rauch schlugen die freudigsten Funken; alles verhieß, glaubte er, eines der schönsten Abentheuer; denn er war dermaßen mit Erwartungen ganz romantischer Naturspiele des Schicksals, frappanter Meerwunder zu Lande ausgefüllet, daß er es eben nicht über sein Vermuthen gefunden hätte — bei aller Achtung eines Stubengelehrten und Schulzensohns für höhere Stände, — falls ihm etwa eine Fürstentochter einmal ans Herz gefallen wäre, oder der fürstliche Hut ihres H. Vaters auf den Kopf. Man weiß so wenig, wie die Menschen wachen, noch weniger, wie sie träumen, nicht ihre größte Furcht, geschweige ihre größte Hoffnung. Der Schiefer war ihm eine Kometenkarte, die ihm Gott weiß welchen neuen feurigen Bartstern ansagte, der durch seinen einförmigen Lebens-Himmel fahren würde. H. Wirth, — sagte Vult freudig, dem seine beherrschende Rolle so wohl that, wie sein sanfter Bruder ohne Stolz — servier' Er hier ein reiches Souper, und trag' Er uns ein paar Flaschen vom besten aufrichtigsten Krätzer auf, den er auf dem Lager hält."

Walten schlug er einen Spaziergang auf den benachbarten Herrnhuter Gottesacker vor, während man fege; ich ziehe droben, fügt' er bei, mein Flauto traverso heraus, und blase ein wenig in die Abend-Sonne und über die todten Herrnhuter hinüber: — lieben Sie das Flauto? — "O wie sehr gut sind Sie gegen einen fremden Menschen!" antwortete Walt mit Augen voll Liebe; denn das Ganze des Flötenspielers verkündigte bei allem Muthwillen des Blicks und Mundes heimliche Treue, Liebe und Rechtlichkeit. "Wohl lieb' ich, fuhr er fort, die Flöte, den Zauberstab, der die innere Welt verwandelt, wenn er sie berührt, eine Wünschelruthe, vor der die innere Tiefe aufgeht." — "Die wahre Mondare des innern Monds," sagte Vult. "Ach sie ist mir noch sonst theuer," sagte Walt, und erzählte nun, wie er durch sie oder an ihr einen geliebten Bruder verloren, — und welchen Schmerz er und die Eltern bisher getragen, da es ein kleinerer sei, einen Verwandten im Grabe zu haben, als in jeder frohen Stunde sich zu fragen, mit welcher dunklen, kalten, mag jetzt der Flüchtling auf seinem Brett im Weltmeer ringen. "Da aber Ihr Hr. Bruder ein Mann von musikalischem Gewicht sein soll, so kann er ja eben so gut im Ueberflusse schwimmen als im Weltmeer," sagte er selber.

"Ich meine, versetzte Walt, sonst dachten wir so traurig, jetzt nicht mehr; und da war es kein Wunder, wenn man jede Flöte für ein Stummenglöckchen hielt, das der in Nacht hinaus verlorne Bruder hören

ließ, weil er nicht zu uns reden konnte." Unwillkühr-
lich fuhr Vult nach dessen Hand, gab sie eben so schnell
zurück, sagte: "genug! Mich rühren 100 Sachen zu
stark — Himmel, die ganze Landschaft hängt ja voll
Duft und Gold!"

Aber nun vermochte sein entbranntes Herz keine
halbe Stunde länger den Kuß des brüderlichen aufzu-
schieben; so sehr hatte die vertrauende unbefangene Bru-
derseele heute und gestern in seiner Brust, aus welcher
die Winde der Reisen eine Liebes-Kohle nach andern ver-
weht hatten, ein neues Feuer der Bruderflammen an-
gezündet, welche frei und hoch aufschlugen ohne das
kleinste Hinderniß. Stiller gingen jetzt beide im schönen Abend. Als sie den Gottesacker öffneten, schwamm
er flammig im Schmelz und Brand der Abendsonne.
Hätte Vult zehn Meilen umher nach einem schönen
Postamente für eine Gruppe zwilling-brüderlicher Erkennung gesucht, ein besseres hätt' er schwerlich aufgetrieben als der Herrnhuter Todtengarten war mit seinen flachen Beeten, worin Gärtner aus Amerika, Asia
und Barby gesäet waren, die sich alle auf einander mit
dem schönen Lebens-Endreim "heimgegangen" reim-
ten. Wie schön war hier der Knochenbau des Todes
in Jugendfleisch gekleidet, und der letzte blasse Schlaf
mit Blüthen und Blättern zugedeckt! Um jedes stille
Beet mit seinem Saatherzen lebten treue Bäume und
die ganze lebendige Natur sah mit ihrem jungen Angesicht herein.

Vult, der jetzt noch ernster geworden, freuete sich,
daß er aller Wahrscheinlichkeit nach vor keinem Kenner
zu blasen habe, weil seine Brust, solcher Erschütterungen
ungewohnt, heute nicht genug Athem für sein Spiel

behielt. Er stellte sich weg vom Bruder, gegenüber der stralenlosen Abendsonne an einem Kirschbaum, aus welchem das Brust= und Halsgeschmeide eines blühenden Jelängerjelieber, wie eigne Blüthe hing; und blies statt der schwersten Flöten=Passaden, nur solche einfache Ariosos nebst einigen eingestreuten Echos ab, wovon er glauben durfte, daß sie ins unerzogne Ohr eines juristischen Kandidaten mit dem größten Glanz und Freudengefolge ziehen würden.

Sie thatens auch. Immer langsamer ging Gottwalt, mit einem langen Kirschzweige in der Hand, zwischen der Morgen= und der Abendgegend auf und nieder. Seeliger als nie in seinem trocknen Leben war er, als er auf die liebäugelnde Rosensonne losging, und über ein breites goldgrünes Land mit Thurmspitzen in Obstwäldern und in das glatte, weiße Mutterdorf der schlafenden stummen Kolonisten im Garten hinein sah, und wenn dann die Zephyre der Melodien die duftige Landschaft wehend aufzublättern und zu bewegen schienen. Kehrt' er sich um, mit gefärbtem Blick, nach dem Osthimmel und sah die Ebene voll grüner auf= und ablaufender Hügel wie Landhäuser und Rotunden stehen und den Schwung der Laubholzwälder auf den fernen Bergen und den Himmel in ihre Windungen eingesenkt: so lagen und spielten die Töne wieder drüben auf den rothen Höhen und zuckten in den vergoldeten Vögeln, die wie Aurorens Flocken umher schwammen, und weckten an einer düstern schlafenden Morgenwolke die lebendigen Blicke aufgehender Blitze auf. Vom Gewitter wandt' er sich wieder gegen das vielfarbige Sonnenland — ein Wehen von Osten trug die Töne — schwamm mit ihnen an die Sonne — auf den blühenden Abendwolken sang das kleine Echo, das lebliche Kind, die Spiele leise nach. — Die Lieder der Lerchen flogen gaukelnd dazwischen und störten nichts. — —

Jetzt brannte und zitterte in zartem Umriß eine Obstallee durchsichtig und riesenhaft in der Abendgluth — schwer und schlummernd schwamm die Sonne auf ihrem Meer — es zog sie hinunter — ihr goldner Heiligenschein glühte fort im leeren Blau — und die Echotöne schwebten und starben auf dem Glanz: Da kehrte sich jetzt Vult, mit der Flöte am Munde, nach dem Bruder um, und sah es, wie er hinter ihm stand, von den Scharlachflügeln der Abendröthe und der gerührten Entzückung überdeckt, und mit blödem stillem Weinen im blauen Auge. — Die heilige Musik zeigt den Menschen eine Vergangenheit und eine Zukunft, die sie nie erleben. Auch dem Flötenspieler quoll jetzt die Brust voll von ungestümer Liebe. Walt schrieb sie blos den Tönen zu, drückte aber wild und voll lauterer Liebe die schöpferische Hand. Vult sah ihn scharf an, wie fragend. "Auch an meinen Bruder denk' ich, sagte Walt; und wie sollt ich mich jetzt nicht nach ihm sehnen?"

Nun warf Vult kopfschüttelnd die Flöte weg — ergriff ihn — hielt ihn von sich, da er ihn umarmen wollte — sah ihm brennend ins Gesicht und sagte: Gottwalt kennst du mich nicht mehr? "Ich bin ja der Bruder." — "Du? O schöner Himmel! — Und du bist mein Bruder Vult?" schrie Walt und stürzte an ihn. Sie weinten lange. Es donnerte sanft im Morgen. "Höre unsern guten Allgütigen!" sagte Walt. Der Bruder antwortete nichts. Ohne weitere Worte gingen beide langsam Hand in Hand aus dem Gottesacker.

N︦ro. 14. Modell eines Hebammenstuhls.

Projekt der Gether=Mühle. — Der Zauberabend.

Für zwei luftige Komödianten, die den Orest und Pylades sich einander abhören, mußte jeder beide halten, der ihnen aus dem Wirthhause nachsah, wie sie unten in einer abgemähten Wiese sich in Laufzirkeln umtrieben mit langen Zweigen in der Hand, um ihre Vergangenheiten gegen einander auszutauschen. Aber der Tausch war zu schwer. Der Flötenspieler versicherte, sein Reiseroman — so künstlich gespielt auf dem breiten Europa — so niedlich durchflochten mit den seltensten confessions — stets von neuem gehoben durch die Windlade und Hebemaschine der Flûte de travers — wäre zwar für die Magdeburger Zenturiatoren, wenn sie ihm nachschreibend nachgezogen wären, ein Stoff und Fund gewesen, aber nicht für ihn jetzt, der dem Bruder andere Sachen zu sagen habe, besonders zu fragen, besonders über dessen Leben. Etwas von dieser Kürze mocht' ihm auch der Gedanke diktieren, daß in seiner Geschichte Kapitel vorkämen, welche die herzliche Zuneigung, womit der unschuldige ihn freudig beschauende Jüngling seine erwiederte, in einem so weltunerfahrnen reinen Gemüthe eben nicht vermehren könnten; er merkte an sich — da man auf Reisen unverschämt ist — er sei fast zu Hause.

Walts Lebens=Roman hingegen wäre schnell in einen Universitätroman zusammen geschrumpft, den er zu Hause auf dem Sessel spielte durch Lesen der Romane, und seine Acta eruditorum in den Gang eingelaufen, den er in den Hörsal machte und zurück in sein viertes Stockwerk — wenn nicht das Van der Kabelsche Testament gewesen wäre; aber durch dieses hob sich der Notar mit seiner Geschichte.

Er wollte den Bruder mit den Notizen davon überraschen; aber dieser versicherte, er wisse schon alles, sei gestern beim Examen gewesen, und unter dem Zanke auf dem Pelzapfelbaum gesessen. —

Der Notar glühte schamroth, daß Vult seinen Zorn-Kaskatellen und seinen Versen zugehorcht; — "er sei wol, fragt' er verwirrt, schon mit dem H. van der Harnisch angekommen, der mit dem Kandidaten von ihm gesprochen. "Ja wol, sagte Vult, denn ich bin jener Edelmann selber." Walt mußte fortstaunen und fortfragen, wer ihm denn den Adel gegeben. "Ich an Kaiserstatt, versetzte dieser, gleichsam so als augenblicklicher sächsischer Reichsvikarius des guten Kaisers, es ist freilich nur Vikariat-Adel." — Walt schüttelte moralisch den Kopf. "Und nicht einmal der, sagte Vult, sondern etwas ganz erlaubtes nach Wiarda *), welcher sagt, man könne ohne Bedenken ein von entweder vor den Ort oder auch vor den Vater setzen, von welchem man komme; ich konnte mich nach ihm eben so gut Herr von Elterlein umtaufen als Herr von Harnisch. Nennt mich einer gnädiger Herr, so weiß ich schon, daß ich einen Wiener höre, der jeden bürgerlichen Gentleman so anspricht und laß' ihm gern seine so unschuldige Sitte." —

"Aber du konntest es gestern aushalten, sagte Walt, die Eltern zu sehen und den Jammer der Mut-

---

*) Wiarda über deutsche Vor- u. Geschlechtsnamen S. 216-221.

ter unter dem Essen über dein Schicksal zu hören, ohne herab und hinein an die besorgten Herzen zu stürzen?" —

"So lange saß ich nicht auf dem Baume — — Walt, sagt' er plötzlich vor ihn vorspringend — Sieh mich an! Wie Leute gewöhnlich sonst aus ihren Noth- und Ehrenzügen durch Europa, heimkommen, besonders wie morsch, wie zerschabt, wie zerschossen gleich Fahnen, braucht dir wol niemand bei deiner ausgedehnten Lektüre lange zu sagen; — ob es gleich sehr erläutert würde, wenn man dir dazu einen Fahnenträger dieser Art — dir unbekannt, aber aus einem altgräflichen Hause gebürtig, und dessen Ahnenbildersaal mit sich als Hogarths Schwanzstück und Finalstock beschließend, — wenn man dir jenen Grafen vorhalten könnte, der eben jetzt vollends in London versiert und einst nie mehr Arbeit vor sich finden wird, als wenn er von den Todten auferstehen will, und sich seine Glieder, wie ein Frühstück in Paris, in der halben alten Welt zusammenklauben muß, die Wirbelhaare auf den Straßendämmen nach Wien — die Stimme in den Konservatorien zu Rom — seine erste Nase in Neapel, wo sich mehrere Statuen mit zweiten ergänzen — seine anus cerebri (diese Gedächtniß-Sitze nach Hoobocken) und seine Zirbeldrüse und mehrere Sachen in der Propaganda des Todes mehr als des Lebens — — Kurz der Tropf (er hat mir den Redefaden verworren) findet nichts auf dem Kirchhof neben sich als das, worein er jetzt, wie andere Leichen auf dem St. Innozenz-Kirchhof in Paris, ganz verwandelt ist, das Fet — — Nun aber beschau' mich, und die Jünglingrosen — das Männermark — die Reisebräune — die Augenflammen — das volle Leben:

was fehlt mir? Was dir fehlet — etwas zu leben. Notar, ich bin nicht sehr bei Geld."

"Desto besser — versetzte Walt so gleichgültig, als kenn' er das Schöpfrad aller Virtuosen ganz gut, das sich immer zu füllen und zu leeren, eigentlich aber nur durch beides umzuschwingen sucht — ich habe auch nichts, doch haben wir beide die Erbschaft.".... Er wollte noch etwas freigebiges sagen, aber Vult unterfuhr ihn: "ich wollte vorhin nur andeuten, Freund, daß ich mithin in Ewigkeit nie mich in verlorner Sohn=Gestalt vor die Mutter stelle, — und vollends vor den Vater! — Freilich könnt' ich mit einer langen Stange von Gold in die Hausthüre einschreiten! — Bei Gott, ich wollte sie oft beschenken — ich nahm einmal absichtlich Extrapost, um ihnen eine erkleckliche Spielsumme (nicht auf der Flöte, sondern auf der Karte erspielt) zugleich mit meiner Person schneller zu überreichen; leider aber zehr' ichs gerade durch die Schnelle selber auf und muß auf halbem Weg leer umwenden. Glaub' es mir, guter Bruder, ob ichs gleich sage. So oft ich auch nachher ging und flötete, das Geld ging auch flöten."

"Immer das Geld — sagte Walt — die Eltern geht nur ihr Kind, nicht dessen Gaben an; könntest du so scheiden und zumal die liebe Mutter, in der langen nagenden Sorge lassen, woraus du mich erlösest?" — Gut? sagt' er. So mög' ihnen denn durch irgend einen glaubwürdigen Mann aus Amsterdam oder Haag, etwa durch einen H. von der Harnisch geschrieben werden, ihr schätzbarer Sohn, den er persönlich kenne und schätze, emergiere mehr, habe jetzt Mittel und vor tausenden das Prä und lange künftig an, so wie jetzt aus. Ach was! Ich könnte selber nach Elterlein hinaus reiten, Bults Geschichte erzählen und beschwören und falsche Briefe von ihm an mich vorzeigen — die noch dazu wahre wären — nämlich dem Vater; die Mutter, glaub' ich, erriethe mich, oder sie bewegte mich, denn ich liebe sie wol kindlich! — Scheiden, sagtest du? Ich bleibe ja bei dir, Bruder!"

Das überfiel den Notarius wie eine versteckte Musik, die an einem Geburttage heraus bricht. Er konnte nicht aufhören, zu jubeln und zu loben. Bult aber eröffnete, warum er da bleibe, nämlich erstlich und hauptsächlich, um ihm als einem arglosen Singvogel, der besser oben fliegen als unten scharren könne, unter dem adelichen Inkognito gegen die 7 Spitzbuben beizustehen; denn, wie gesagt, er glaube nicht sonderlich an dessen Sieg.

"Du bist freilich, versetzte Walt betroffen, ein gereiseter Weltmann, und ich hätte zu wenig gl en und gesehen, wollt' ich das nicht merken; aber ich hoffe doch, daß ich, wenn ich mir immer meine Eltern vorhalte, wie sie so lange angekettet auf dem dunstigen Ruderschiffe der Schulden ein bitteres Leben befahren, und wenn ich alle meine Kräfte zur Erfüllung der Testamentbedingungen zusammen nehme, ich hoffe wol, daß ich dann die Stunde erzwinge, wo ihnen die Ketten entzwei geschlagen, und sie auf ein grünes Ufer einer Zuckerinsel ausgeschifft sind, und wir uns alle frei unter dem Himmel umarmen. Ja ich hatte bisher gerade die umgekehrte Sorge für die armen Erben selber, an deren Stelle ich mich dachte, wenn ich sie um alles brächte; und nur die Betrachtung machte mich ruhig, daß sie doch die Erbschaft, schlüg' ich sie auch aus, nicht bekämen und daß ja meine Eltern weit ärmer sind und mir näher."

"Der zweite Grund — versetzte Vult — warum ich in Haslau verbleibe, hat mit dem ersten nichts zu thun, sondern alles blos mit einer göttlichen Windmühle, die der blaue Aether treibt, und auf welcher wir beide Brod — du erbst indeß immer fort — so viel wir brauchen, mahlen können. Ich weiß nicht, ob es sonst nicht noch für uns beide etwas so angenehmes oder nützliches gibt, als eben die Aethermühle, die ich projektiren will; die Frisiermühlen der Tuchscheerer, die Bandmühlen der Berner, die Molae asinariae oder Eselmühlen der Römer kommen nicht in Betracht gegen meine."

Walt war in größter Spannung und bat sehr darum. "Droben bei einem Glas Krätzer," versetzte der Vult. Sie eilten den Hügel auf zum Wirthhaus. Drinnen thaten sich schon an einem Tische, der die Marschall=Pagen= und Lakaientafel war, schnelle Freßzangen auf und zu. Der Wein wurde auf einen Stuhl gesetzt ins Freie. Das weiße Tischtuch ihres verschobenen Soupers glänzte schon aus der wandlosen Stube herab. Vult fing damit an, daß er dem Modelle der künftigen Aethermühle das Lob von Walts gestrigen Streckversen voraus schickte — daß er sein Erstaunen bezeugte, wie Walt bei sonstigem Ueberwallen im Leben, doch jene Ruhe im Dichten habe, durch welche ein Dichter es dem Wasserrennen der Baierinnen gleich thut, welche mit einem Scheffel Wasser oder Hippokrene auf dem Kopfe unter der Bedingung wettlaufen, nichts zu verschütten, und daß er fragte, wie er als Jurist zu dieser poetischen Ausbildung gekommen.

Der Notarius trank mit Geschmack den Krätzer, und sagte zweifelnd vor Freude: wenn wirklich etwas poetisches an ihm wäre, auch nur der Flaum einer Dichterschwinge, so käme es freilich von seinem ewigen Bestreben in Leipzig her, in allen vom Jus freigelassenen Stunden an gar nichts zu hangen, an gar nichts aufzuklettern, als am hohen Olymp der Musen, dem Göttersitze des Herzens, wiewol ihm noch niemand recht gegeben, als Goldine und der Kandidat; "aber, guter Vult, scherze hier nicht mit mir. Die Mutter nannte dich schon früh den Spasser. Ist dein Urtheil Ernst?" — "Ich will hier den Hals brechen, Tabellio, versetzte Vult, bewunder' ich nicht dich und deine Verse aus voller Kunst=Seele. Hör' erst weiter!" —

"Ach warum werd' ich denn so überglücklich, (unterbrach ihn Walt und trank)? Gestern find' ich den Plato, heute dich, gerade zwei Nummern nach meinem Aberglauben. Du hörtest gestern alle Verse?" — Mitten unter dem heftigen Auf= und Abschreiten suchte er immer das Wirthkind, das im Hofe unter der Baute von Kartoffelnsamenkapseln furchtsam aufguckte, jedesmal sehr anzulächeln, damit es nicht erschräcke.

Vult fing, ohne ihm zu antworten, sein Mühlenmodell folgendermaßen vorzulegen an, sehr unbesorgt, wie jeder Reisende, über ein zufälliges fünftes Ohr:

Andächtiger Mitbruder und Zwilling! Es gibt Deutsche. Für sie schreiben dergleichen. Jene fassen es nicht ganz, sondern rezensiren es, besonders exzellenten Spaß. Sie wollen der poetischen Schönheitlinie ein Linienblatt unterlegen; dabei soll der Autor noch nebenher ein Amt haben, was aber so schlimm ist als wenn eine Schwangere die Pocken zugleich hat. Die Kunst sei ihr Weg und Ziel zugleich. Durch den jüdischen Tempel durfte man nach Lightfoote nicht gehen, um blos nach einem andern Orte zu gelangen; so ist auch ein bloßer Durchgang durch den Musentempel verboten. Man darf nicht den Parnas passiren, um in ein fettes Thal zu laufen. — Verdammt! Laß' mich anders anfangen! zanke nicht! Trinke! — Jetzt:

Walt!

Ich habe nämlich auf meinen Flötenreisen ein satyrisches Werk in den Druck gegeben als Manuskript, die grönländischen Prozesse, in zwei Bänden anno 1783 bei Voß und Sohn in Berlin. (Ich erstaune ganz, sagte Walt verehrend.) Ich würde dich inzwischen ohne Grund mit Lügen besetzen, wenn ich dir verkündigen wollte, die Bekanntmachung dieser Bände hätte etwa mich oder die Sachen selber im Geringsten bekannt gemacht. Nimmt man sechs oder sieben Schergen, zugleich Schächer und Schächter aus — und hier fallen zwei auf die Allg. deutsche Bibliothek, die also wol einer sind — so hat leider keine Seele die Scripta getadelt und gekannt. Es ist hier — wegen deiner Ungeduld nach der versprochenen Aethermühle — wol nicht der Ort, es glücklich auseinander zu setzen warum; — habe genug, wenn ich dir schwöre, daß die Rezensenten Sünder sind, aber arme, ächte Gurkenmaler, die sich daher Gurken herausnehmen, Gränzgötter ohne Arme und Beine auf den Gränzhügeln der Wissenschaften, und daß wir alle hinauf und hinab floriren würden, gäb' es nur so viele gute Kunstrichter als Zeitungen, für jede einen, so wie es wirklich so viele meisterhafte Schauspieler gibt als — eine in die andere übergerechnet — Truppen.

"Es ist eine der verwünschtesten Sachen. Oft rezensirt die Jugend das Alter, noch öfter das Alter die Jugend, eine Rektor=Schlafhaube kämpfet gegen eine Jüngling=Sturmhaube —

Wie Kochbücher, arbeiten sie für den Geschmack, ohne ihn zu haben —

Solchen Sekanten, Kosekanten, Tangenten, Kotangenten kommt alles exzentrisch vor, besonders das Zentrum; der Kurzsichtige findet nach Lambert *) den Kometenschwanz viel länger als der Weitsichtige —

Sie wollen den Schiefkiel des Autors lenken, nämlich den ordentlichen Schreibkiel, sie wollen den Autor mit ihrem Richterstabe, wie Minerva mit ihrem Zauberstabe den Ulysses, in einen Bettler und Greis verkehren —

Sie wollen die erbärmlichsten Dinge bei Gott" —— (Des Notars Gesicht zog sich dabei sichtlich ins lange, weil er wie jeder, der nur gelehrte Zeitungen hält, aber nicht macht und kennt, von einer gewissen Achtung für sie, vielleicht gar einer hoffenden, nicht frei war.)

"Indeß jeder Mensch, fuhr jener fort — sei billig; denn ich darf nicht übersehen, daß es mit Büchern ist wie mit Pökelfleisch, von welchem Huxham darthat, daß es zwar durch mäßiges Salz sich lange halte, aber auch durch zu vieles sogleich faule und stinke — Notarius, ich machte das Buch zu gut, mithin zu schlecht." ——

"Du wimmelst von Einfällen, (versetzte Walt); scherzhaft zu reden, hast du so viele Windungen und Köpfe wie die lernäische Schlange."

"Ich bin nicht ohne Witz — erwiederte Bult in vergeblicher Absicht, daß der Bruder lache — aber du

---

*) Lamberts Beiträge zur Mathematik III. B. p. 236.

reißest mich aus dem Zusammenhang. — Was kann ich nun dabei machen? Ich allein Nichts; aber mit dir viel, nämlich ein Werk; Ein Paar Zwillinge müssen, als ihr eigenes Widerspiel, zusammen einen Einling, Ein Buch zeugen; einen trefflichen Doppelroman. Ich lache darin, du weinst dabei oder fliegst doch — Du bist der Evangelist, ich das Vieh darhinter — jeder hebt den andern — alle Partheien werden befriedigt, Mann und Weib, Hof und Haus, ich und Du. — Wirth, mehr Krätzer, aber aufrichtigen! — Und was sagst du nun zu diesem Projekt und Mühlengang — wodurch wir beide herrlich den Mahlgästen Himmelbrod verschaffen können, und uns Erdenbrod, was sagst du zu dieser Musenroßmühle?" —

Aber der Notar konnte nichts sagen, er fuhr blos mit einer Umhalsung an den Projektmacher. Nichts erschüttert den Menschen mehr — zumal den belesenen — als der erste Gedanke seines Drucks. Alte tiefe Wünsche der Brust standen auf einmal aufgewachsen in Walten da und blühten voll; wie in einem südlichen Klima, fuhr in ihm jedes nordische Strauchwerk zum Palmenhain auf; er sah sich bereichert und berühmt und Wochenlang auf dem poetischen Geburtstuhl. Er zweifelte in der Entzückung an nichts als an der Möglichkeit und fragte, wie zwei Menschen schreiben könnten, und woher ein romantischer Plan zu nehmen sey?

"Geschichten, Walt, hab' ich auf meinen Reisen an 1001 erlebt, nicht einmal gehört; diese werden sämtlich genommen, sehr gut verschnitten und verkleidet. Wie Zwillinge in ein Dintenfaß tunken? Beaumont und Fletscher, sich Hundfremd, nähten an Einem gemeinschaftlichen Schneidertische Schauspiele, nach deren Naht und Suturen noch bis heute die Kritiker fühlen und tasten. Bei den spanischen Dichtern hatte oft ein Kind an neun Väter, nämlich eine Komödie, nämlich Autoren. Und im 1sten Buch Mosis kannst du es am allererſten leſen, wenn du den Profeſſor Eichhorn dazu lieſeſt, der allein in der Sündfluth drei Autoren annimmt, außer dem vierten im Himmel. Es gibt in jedem epiſchen Werke Kapitel, worüber der Menſch lachen muß, Ausſchweifungen, die das Leben des Helden unterbrechen; dieſe kann, denk' ich, der Bruder machen und liefern, der die Flöte bläſet. Freilich Parität, wie in Reichsſtädten, muß ſein, die eine Parthei muß ſo viele Zenſoren, Büttel, Nachtwächter haben als die andere. Geſchieht nun das mit Verſtand, ſo mag wol ein Werk zu hecken ſein ein Leda's Ei, das ſich ſogar vom Wolfiſchen Homer unterſcheidet, an dem ſo viele Homeriden ſchreiben und vielleicht Homer ſelber." —

"Genug, genug rief Walt. Betrachte lieber den himmliſchen Abend um uns her!" In der That blühten Luſt und Lebenslob in allen Augen. Mehrere Gäſte, die ſchon abgegeſſen, tranken ihren Krug im Freien, alle Stände ſtanden untereinander, die Autoren mitten im tiers-état. Die Fledermäuſe ſchoſſen als Tropikvögel eines ſchönen Morgens um die Köpfe. In einer Roſenſtaude krochen die Funken der Johanniswürmlein. Die fernen Dorfglocken riefen wie ſchöne verhallende Zeiten herüber und ins dunkle Hirtengeſchrei auf den Feldern hinein. Man brauchte ſo ſpät auf allen Wegen, nicht einmal in dem Gehölze, Lichter, und man konnte bei dem Schein der Abendröthe die hellen Köpfe deutlich durch das hohe Getraide waten ſehen. Die Dämmerung lagerte ſich weit und breit nach Weſten hinein, mit der

8*

scharfen Mondkrone von Silber auf dem Kopfe; nur
hinter dem Hause schlich sich, aber ungesehen, die große
hohle Nacht aus Osten heran. In Mitternacht glomm
es leise wie Apfelblüthe an und liebliche Blitze aus Mor=
gen spielten herüber in das junge Roth. Die nahen
Birken dufteten zu den Brüdern hinab, die Heuberge
unten dufteten hinauf. Mancher Stern half sich her=
aus in die Dämmerung und wurde eine Flugmaschine
der Seele.

Vult vergaß dem Notar, daß er kaum zu bleiben
wußte. Er hatte so viele Dinge, und unter ihnen den
Krätzer im Kopfe; denn in diesem entsetzlichen Weine,
wahrem Weinberg=Unkraut für Vult, hatte sich der
arme Teufel — dem Wein so hoch klang wie Aether —
immer tiefer in seine Jahre zurückgetrunken, ins 20te,
ins 18te und letztlich ins 15te.

Auf Reisen trifft man Leute an, die darauf zurück=
schwimmen, bis ins 1te Jahr, bis an die Quelle. Vor=
mittags predigen es die Aebte in ihren Visitazionpre=
digten: werdet wie die Kinder! Und Abends werden sie
es samt dem Kloster und beide lallen kindlich.

„Warum siehst du mich so an, geliebter Vult?"
sagte Walt. — „Ich denke an die vergangenen Zeiten,
versetzte jener, wo wir uns so oft geprügelt haben; wie
Familienstücke hängen die Bataillenstücke in meiner Brust
— ich ärgerte mich damals, daß ich stärker und zorni=
ger war und Du mich doch durch Deine elastische wü=
thige Schnelle aller Glieder häufig unter bekamst. Die
unschuldigen Kinderfreuden kommen nie wieder, Walt!"

Aber der Notar hörte und sah nichts als Apollos
flammenden Sonnenwagen in sich rollen, worauf schon
die Gestalten seines künftigen Doppelromans kolossalisch

standen und kamen; unwillkürlich macht' er große Stücke vom Buche fertig und konnte sie dem verwunderten Bruder zuwerfen. Dieser wollte endlich davon aufhören, aber der Notar drang noch auf den Titel ihres Buchs. Vult schlug "Flegeljahre" vor; der Notar sagte offen heraus, wie ihm ein Titel widerstehe, der theils so auffallend sei, theils so wild. "Gut, so mag denn die Duplizität der Arbeit schon auf dem ersten Blatte bezeichnet werden, wie es auch ein neuerer beliebter Autor thut, etwa: Hoppelpoppel oder das Herz." Bei diesem Titel mußte es bleiben.

Beide mengten sich wieder in die Gegenwart ein.

Der Notar nahm ein Glas und drehte sich von der Gesellschaft ab, und sagte mit tropfenden Augen zu Vult: "auf das Glück unserer Eltern und auch der armen Goldine! Sie sitzen jetzt gewiß ohne Licht in der Stube und reden von uns." — Hierauf zog der Flötenist sein Instrument hervor, und blies der Gesellschaft einige gemeine Schleifer vor. Der lange Wirth tanzte darnach langsam und zerrend mit dem schläfrigen Knaben; manche Gäste regten den Takt=Schenkel; der Notarius weinte dazu seelig, und sah ins Abendroth. "Ich möchte wol, — sagt' er dem Bruder ins Ohr — die armen Fuhrleute sämmtlich in Bier frei halten." — "Wahrscheinlich, sagte Vult, würfen sie dich dann aus point d'honneur den Hügel hinunter. Himmel! sie sind ja Krösi gegen uns und sehen herab." Vult ließ den Wirth plötzlich, statt zu tanzen, servieren; so ungern der Notarius in seine Entzückung hinein essen und käuen wollte.

"Ich denke roher, sagte Vult, ich respektiere alles, was zum Magen gehört, diese Montgolfiere des Men=

schen-Zentaurs, der Realismus ist der Sancho Pansa des Idealismus. — Aber oft geh' ich weit und mache in mir edle Seelen, z.B. weibliche zum Theil lächerlich, indem ich sie essen und als Selbst=Futterbänke ihre untern Kinnbacken so bewegen lasse, daß sie dem Thier vorschneiden."

Walt unterdrückte sein Misfallen an der Rede. Beglückt aßen sie oben vor der ausgebrochenen Wand; die Abendröthe war das Tafellicht. Auf einmal rauschte mit verlornem Donnern eine frische Frühlingwolke auf Laub und Gräser herunter, der helle goldne Abendsaum blickte durch die herabtropfende Nacht, die Natur wurde eine einzige Blume und duftete herein und die erquickte gebadete Nachtigall zog wie einen langen Stral einen heißen langen Schlag durch die kühle Luft. "Vermissest du jetzt sonderlich, fragte Vult, die Parkbäume, den Parukenbaum, den Gerberbaum — oder hier oben die Bedienten, die Servicen, den Goldteller mit seinem Spiegel, damit darauf die Porzion mit falschen Farben schwimme?" — "Warlich nicht, sagte Walt; sieh, die schönsten Edelsteine setzt die Natur auf den Ring unseres Bundes, — und meinte die Blitze. Die Luftschlösser seiner Zukunft waren golden erleuchtet. Er wollte wieder vom Doppel=Romane und dem Stoff dazu anfangen — und sagte, er habe hinter der Schäferei heute drei hineinpassende Streckverse gemacht. Aber der Flötenist einer und derselben Materie bald überdrüßig und nach Rührungen ordentlich des Spasses bedürftig, fragte ihn: warum er zu Pferde gegangen? "Ich und der Vater, sagte Walt ernst, dachten, eh wir von der Erb=schaft wußten, ich würde dadurch der Stadt und den Kunden bekannter, weil man unter dem Thore, wie du weißt, nur die Reiter ins Intelligenzblatt setzt." Da brachte der Flötenist wieder den alten Reiterscherz auf die Bahn und sagte: "der Schimmel gehe, wie nach Winkelmann die großen Griechen, stets langsam und gesetzt — er habe nicht den Fehler der Uhren, die immer schneller gehen, je älter sie werden — ja vielleicht sei er nicht älter als Walt, wiewol ein Pferd stets etwas jünger sein sollte als der Reiter, so wie die Frau jünger als der Mann — ein schönes römisches Sta Viator, Steh' Weg=Machender, bleibe der Gaul für den, so darauf sitze"....

"O, Lieber Bruder, — sagte Walt sanft, aber mit der Röthe der Empfindlichkeit und Vults Laune noch wenig fassend und belachend — zieh mich damit nicht mehr auf, was kann ich dafür?" — "Nu, nu, warmer Aschgraukopf — sagte Vult und fuhr mit der Hand über den Tisch und unter alle seine weiche Locken, streichelnd Haar und Stirn — lies mir denn deine drei Polymeter vor, die du hinter der Schäferei gelammet."

Er las folgende:

Das offne Auge des Todten.

Blick' mich nicht an, kaltes, starres, blindes Auge, du bist ein Todter, ja der Tod. O drücket das Auge zu, ihr Freunde, dann es ist nur Schlummer.

"Warst du so trübe gestimmt an einem so schönen Tage," fragte Vult. "Seelig war ich wie jetzt" sagte Walt. Da drückte ihm Vult die Hand und sagte bedeutend: "dann gefällts mir, das ist der Dichter. Weiter!"

Der Kinderball.

Wie lächelt, wie hüpfet ihr blumige Genien, kaum von der Wolke gestiegen! der Kunsttanz und der

Wahn schleppt euch nicht und ihr hüpfet über die Regel hinweg. — Wie es tritt die Zeit herein und berührt sie? Große Männer und Frauen stehen da? Der kleine Tanz ist erstarrt, sie heben sich zum Gang und schauen einander ernst ins schwere Gesicht? Nein, nein, spielet ihr Kinder, gaukelt nur fort in eurem Traum, es war nur einer von mir.

Die Sonnenblume und die Nachtviole.

Am Tage sprach die volle Sonnenblume: Apollo stralt und ich breite mich aus, er wandelt über die Welt und ich folge ihm nach. In der Nacht sagte die Viole: niedrig steh' ich und verborgen — und blühe in kurzer Nacht; zuweilen schimmert Phöbus milde Schwester auf mich, da werd' ich gesehen und gebrochen, und sterbe an der Brust.

"Die Nachtviole bleibe die letzte Blume im heutigen Kranz!" sagte Vult gerührt, weil die Kunst gerade so leicht ihm spielen konnte, als er mit der Natur, und er schied mit einer Umarmung. In Walts Nacht wurden lange Violenbeete gesäet — an das Kopfkissen kamen durch die offne Wand die Düfte der erquickten Landschaft heran, und die hellen Morgentöne der Lerche — so oft er das Auge aufthat, fiel es in den blauen vollgestirnten Westen, an welchem die späten Sternbilder nacheinander hinunterzogen als Vorläufer des schönen Morgens.

N^{ro}. 15. Riesenmuschel.

Die Stadt — chambre garnie —

Walt stand mit einem Kopfe voll Morgenroth auf und suchte den brüderlichen, als er seinen Vater, der sich schon um 1 Uhr auf seine langen Beine gemacht, mit weiten Schritten und Reisebleich durch den Hof laufen sah. Er hielt ihn an. Er mußte lange gegen den Strafprediger seine Gegenwart durch die ausgebrochene Mauer herunter vertheidigen. Darauf bat er den müden Vater, zu reiten, indeß er zu Fuße neben ihm laufe. Lukas nahm es ohne Dank an. Sehnsüchtig nach dem Bruder, der sich nicht zeigen durfte, verließ Walt die Bühne eines so holden Spielabends.

Auf dem wagrechten Wege, der keinen Wassertropfen rollen ließ, bewegte sich das Pferd ohne Tadel und hielt Schritt mit dem tauben Sohne, dem der Vater von der Sattel=Kanzel — unzählige Rechts= und Lebensregeln herab warf. Was konnte Gottwalt hören? Er sah nur in= und außer sich, glänzende Morgenwiesen des Jugendlebens, ferner die Landschaft auf beiden Seiten der Chaussée, ferner die dunklen Blumengärten der Liebe, den hohen hellen Musenberg und endlich die Thürme und Rauchsäulen der ausgebreiteten Stadt. Jetzt saß der Vater mit dem Befehle an den Notarius ab, durchs Thor zum Fleischer zu reiten, in sein Logis, und um 10 Uhr in den weichen Krebs zu gehen, wo man auf ihn warten wolle, um mit ihm gehörig vor dem Magistrate zu erscheinen.

Walt saß auf und flog wie ein Cherub durch den Himmel. Die Zeit war so anmuthig; an den Häuser-Reihen glänzte weißer Tag; in den grünen thauigen Gärten bunter Morgen, selber sein Vieh wurde poetisch und trabte ungeheißen, weil es seinem Stall nahe und aus dem Herrnhutischen hungrig kam. — Der Notarius sang laut im Fluge des Schimmels. Im ganzen Fürstenthum stand kein Ich auf einem so hohen Gehirnhügel als sein eignes, welches daran herab wie von einem Aetna in ein so weites Leben voll morganischer Feen hineinsah, daß die blitzenden Säulen, die umgekehrten Städte und Schiffe den ganzen Tag hängen blieben in der Spiegelluft.

Unter dem Thore befragte man ihn, woher. „Von Haslau" versetzte er entzückt, bis er den lächerlichen Irrthum eilig umbesserte und sagte: nach Haslau. Das Pferd regierte wie ein Weiser sich selber und brachte ihn leicht durch die bevölkerten Gassen an den Stall, wo er mit Dank und in Eile abstieg, um so fort seine chambre garnie" zu beziehen. Auf den hellen Gassen voll Feldgeschrei, gleichsam als Kompagniegassen eines Lustlagers, sah ers gern, daß er seinen Hausherrn, den Hofagent Neupeter kaum finden konnte. Er gewann damit die Zeit, die verschüttete Gottesstadt der Kindheit auszuscharren und den Schutt wegzufahren; so daß zuletzt völlig dieselben Gassen ans Sonnenlicht kamen; eben so prächtig, so breit, und voll Palläste und Damen, wie die waren, durch welche er einmal als Kind gegangen. Ganz wie zum erstenmale, faßte ihn die Pracht des ewigen Getöses die schnellen Wagen, die hohen Häuser mit ihren Statuen darauf, und die flitternen Opern= und Gallakleider mancher Person. Er konnte kaum annehmen, daß es in einer Stadt einen Mittwoch, einen Sonnabend und andere platte Bauerntage gebe, und nicht jede Woche ein hohes Fest von sieben Feiertagen. Auch sehr sauer wurd' es ihm zu glauben — sehen mußt' ers freilich, — daß so gemeine Leute wie Schuhflicker, Schneidermeister, Schmiede und andere Ackerpferde des Staats, die auf die Dörfer gehörten, mitten unter den feinsten Leuten wohnten und gingen.

Er erstaunte über jeden Werkeltaghabit weil er selber mitten in der Woche den Sonntag anhabend — den Nanking — gekommen war; alle große Häuser füllte er mit geputzten Gästen, und sehr artigen Herrn und Damen an, die jene liebe=winkend bewirtheten, und er sah nach ihnen an alle Balkons und Erker hinauf. Er warf helle Augen auf jeden vorübergehenden lackierten Wagen, und auf jeden rothen Schaul, auf jeden Friseur, der sogar Werkeltags arbeitete und tafelfähig machte und auf den Kopfsallat, der im Springbrunnen schon Vormittags gewaschen wurde, anstatt in Elterlein nur Sonntagabends.

Endlich stieß er auf die lackirte Thüre mit dem goldgelben Titelblatt: Material=Handlung von Peter Neupeter et Compagnie und ging durch die Ladenthüre ein. Im Gewölbe wartete er es ab, bis die hin= und herspringenden Ladenschürzen alle Welt abgefertigt hätten. Zuletzt, da endlich nach der Anciennetè der Mahlgäste auch seine Reihe kam, fragte ihn ein freundliches Pürschchen, was ihm beliebe: „Nichts — versetzte er so sanft als es seine Stimme nur vermochte — ich bekomme hier eine chambre garnie, und wünsche dem Hrn. Hofagenten mich zu zeigen." — Man wies ihn an die Glasthüre der Schreibstube. Der Agent — mehr

Seide im Schlafrok tragend als die Gerichtmännin im Sonntagputz — schrieb den Brief-Perioden gar aus und empfing mit einem Apfelrothen und runden Gesichte den Miethmann.

Der Notarius gedachte wahrscheinlich, mit seinem Rosgeruch und seiner Spießgerte zu imponiren als Reiter, aber für den Agenten — den wöchentlichen Lieferanten der größten Leute und den jährlichen Gläubiger derselben — war ein Schock berittener Notarien von keiner sonderlichen Importanz.

Er rief ganz kurz einem Laden-Pagen herrisch zu, den Herrn anzuweisen. Der Page rief wieder auf der ersten Treppe ein bildschönes, nettes, sehr verdrüßliches Mädchen heraus, damit sie den Herrn mit der Spießgerte bis zur vierten brächte. Die Treppen waren breit und glänzend, die Geländer figurirte Eisen-Guirlanden, alles froh erhellt, die Thürschlösser und Leisten schienen vergoldet, an den Schwellen lagen lange bunte Teppiche. Unterwegs suchte er die Stumme dadurch zu erfreuen und zu belohnen, daß er sanft ihren Namen zu wissen wünschte. Flora heißet der Name, womit das schöne mürrische Ding auf die Nachwelt übergeht.

Die chambre garnie ging auf. — Freilich nicht für jeden wäre sie gewesen, ausgenommen als chambre ardente; mancher, der im rothen Hause zu Frankfurt oder im Egalitätpallaste geschlafen, hätte an diesem langen Menschen-Koben voll Ururur-Möbeln, die man vor dem glänzenden Hause hier zu verstecken suchte, vieles freimüthig ausgesetzt. Aber ein Polymetrifer im Göttermonat der Jugend, ein ewig entzückter Mensch, der das harte Leben stets, wie Kenner die harten Cartons von Raphael, blos im (poetischen) Spiegel beschauet und mildert — der an einer Fischer=Hund= und jeder Hütte ein Fenster aufmacht und ruft: ist das nicht prächtig draußen? — der überall, er sei im Eskurial, das wie ein Rost, oder in Carlsruhe, das wie ein Fächer, oder in Meinungen, das wie eine Harfe, oder in einem See=wurm=Gehäuse, das wie eine Pfeife gebauet ist, die Sommerseite findet und dem Roste Feuerung abgewinnet, dem Fächer Kühlung, der Harfe Töne, der See=Pfeife desfalls — Ich meine überhaupt, ein Mensch wie der Notarius, der mit einem solchen Kopfe voll Aussichten über die weite Bienenflora seiner Zukunft hin in den Bienenkorb einfliegt und einen flüchtigen Ueberschlag des Honigs macht, den er darin aus tausend Blumen tragen wird, ein solcher Mensch darf uns weiter nicht sehr in Verwunderung setzen, wenn er sogleich ans Abendfenster schreitet, es aufreißet und vor Floren entzückt ausruft: „göttliche Aussicht! Da unten der Park — ein Abschnitt Marktplatz — dort die zwei Kirchthürme — drüben die Berge — Warlich sehr schön!" — Denn dem Mädchen wollt' er auch eine kleine Freude zuwenden durch die Zeichen der seinigen.

Er warf jetzt sein gelbes Röckchen ab, um als Selbstquartiermeister in Hemdärmeln alles so zu ordnen, daß, wenn er von der verdrüßlichen Erscheinung vor dem Stadtrathe nach Hause käme, er sogleich ganz wie zu Hause sein könnte, und nichts zu machen brauchte als die Fortsetzung seines Himmels und seinen Streck=vers und etwas von dem abgekarteten Doppelroman. Den Abhub der Zeit, den Bodensatz der Mode, den der Agent im Zimmer fallen lassen, nahm er für schöne Handelzeichen, womit der Handelsmann eine besondere Sorgfalt für ihn offenbaren wollen. Mit Freuden trug er von 12 grünen in Tuch und Kuhhaar gekleideten Sesseln die Hälfte — man konnt sonst vor Sitzen nicht stehen — ins Schlafgemach zu einem lackirten Regen=schirm von Wachstuch und einem Ofenschirm mit einem Frauen=Schattenriß. Aus einer Kommode — einem Häuschen im Haus — zog er mit beiden Händen ein Stockwerk nach dem andern aus, um seine nachgefahrne fahrende Habe darein zu schaffen. Auf einem Theetisch=chen von Zinn konnte alles Kalte und das Heiße ge=trunken werden, da es beides so kühlte. Er erstaunte über den Ueberfluß, worin er künftig schwimmen sollte. Denn es war, noch eine Paphose da, (er wußte gar nicht, was es war) — ein Bücherschrank mit Glasthü=ren, deren Rahmen und Schlösser ihm, weil die Gläser fehlten, ganz unbegreiflich waren, und worein er oben die Bücher schickte, unten die Notariat=Händel — ein blau angestrichener Tisch mit Schubfach, worauf aus=geschnittene bunte Bilder, Jagd=, Blumen= und andere Stücke zerstreut aufgepappt waren, und auf welchem er dichten konnte, wenn ers nicht lieber auf einem Ar=beittischchen mit Rehflüßen und einem Einsatz von lak=kirtem Blech thun wollte — endlich ein Kammerdiener oder eine Servante, die er als Sekretär an den Schreib=tisch drehte, um auf ihre Scheiben Papier, eine Feder zur Poesie, eine grobe zum Jus zu legen. Das sind vielleicht die wichtigern Pertinenzstücke seiner Stube, wo=bei man Lappalien, leere Markenkästchen, ein Nähpult, einen schwarzen basaltenen Kaligula, der aus Brust=mangel nicht mehr stehen konnte, ein Wandschränklein u. s. w. nicht anschlagen wollte.

Nachdem er noch einmal seine Stifthütte und deren Ordnung vergnügt überschauet, und sich zum

Fenster hinaus gelegt, und unten die weißen Kiesgänge und dunkeln vollaubigen Bäume besehen hätte: machte er sich auf den Weg zum Vater und freuete sich auf den Treppen, daß er in einem so kostbaren Hause ein elendes Wohnnest besitze. Auf der Treppe wurde er von einem hellblauen Couvert an die Hofagentin festgehalten. Es roch wie ein Garten, so daß er bald auf der Duftwolke mitten in die niedlichsten Schreibzimmer der schönsten Königinnen und Herzoginnen und Landgräfinnen hinein schwamm: indeß hielt ers für Pflicht, durch das Ladengewölbe zu gehen, und das Couvert redlich mit den Worten abzugeben: hier sey etwas an Madame. Hinter seinem Rücken lachte sämmtliche Handel=Pagerie ungewöhnlich.

Er traf seinen Vater in historischer Arbeit und Freude an. Dieser stellte ihn als Universalerben sämmtlichen Gästen vor. Er schämte sich als eine Merkwürdigkeit dieser Art lange dem Beschauen blos zustehen, und beschleunigte die Erscheinung vor dem Stadtrath. Verschämt und bange trat er in die Rathstube, wo er gegen seine Natur als ein hoher Saitensteg dastehen sollte, auf welchen andere Menschen wie Saiten gespannt waren; er schlug die Augen vor den Akzessit=Erben nieder, die gekommen waren, ihren Broddieb abzuwägen. Blos der stolze Neupeter fehlte sammt dem Kirchenrath Glanz, der ein viel zu berühmter Prediger auf dem Kanzel= und dem Schreibpulte war, um zur Schau eines ungedruckten Menschen nur drei Schritte zu thun, von dem er die größte Begierde forderte, vielmehr Glanzen aufzusuchen.

Der regierende Burgermeister und Exekutor Kuhnold wurde mit einem Blick der heimliche Freund des

Jünglings, der mit so erröthendem Schmerz sich allein, vor den Augen stehender gefräßiger Zuschauer an die gedeckte Glücktafel setzte. Lukas aber besichtigte jeden sehr scharf.

Das Testament wurde verlesen. Nach dem Ende der 3ten Klausel zeigte Kuhnold auf den Frühprediger Flachs, als den redlichen Finder und Gewinner des Kabelschen Hauses; und Walt warf schnell die Augen auf ihn und sie standen voll Glückwünsche und Gönnen.

Als er in der 4ten Klausel sich anreden hörte vom todten Wohlthäter: so wäre er den Thränen, deren er sich in der Rathstube schämte, zu nahe gekommen, wenn er nicht über Lob und Tadel wechselnd hätte erröthen müssen. Der Lorbeerkranz, und die Zärtlichkeit, womit Kabel ihm jenen aufsetzte, begeisterte ihn mit einer ganz andern heißern Liebe als das Füllhorn, das er über seine Zukunft ausschüttete. — Die darauf folgenden Stellen, welche für den Vortheil der 7 Erben allerlei aussprachen, versetzten dem Schultheiß den Athem, indem sie dem Sohne einen freiern gaben. Nur bei der 14ten Klausel, die seiner unbefleckten Schwanenbrust den Schandfleck einer weiblichen Verführung zutrauete oder verbot, wurde sein Gesicht eine rothe Flamme; wie konnte, dachte er, ein sterbender Menschenfreund so oft so unzart schreiben?

Nach der Ablesung des Testaments begehrte Knol nach der 11ten Klausel "Harnisch muß" einen Eid von ihm, nichts auf das Testament zu entlehnen. Kuhnold sagte, er sei nur "an Eides statt" es zu geloben schuldig. "Ich kann ja zweierlei thun; denn es ist ja einerlei, Eid und an Eidesstatt und jedes bloße Wort" sagte Walt; aber der biedere Kuhnold ließ es nicht zu.

Es wurde protokolliert, daß Walt den Notarius zum ersten Erbamt auswähle. — Der Vater erbat sich Testament-Kopie, um davon eine für den Sohn zu nehmen, welche dieser täglich als sein altes und neues Testament lesen und befolgen sollte. — Der Buchhändler Pasvogel besah und studierte den Gesammt-Erben nicht ohne Vergnügen und verbarg ihm seine Sehnsucht nach den Gedichten nicht, deren das Testament, sagt' er, flüchtig erwähne. — Der Polizeiinspektor Harprecht nahm ihn bei der Hand und sagte: „Wir müssen uns öfters suchen, Sie werden kein Erbfeind von mir sein und ich bin ein Erbfreund; man gewöhnt sich zusammen und kann sich dann so wenig entbehren, wie einen alten Pfahl vor seinem Fenster, den man, wie Le Vayer sagt, nie ohne Empfindung ausreißen sieht. Wir wollen einander dann wechselseitig mit Worten verkleinern; denn die Liebe spricht gern mit Verkleinerungwörtern." Walt sah ihm arglos ins Auge, aber Harprecht hielt es lange aus.

Ohne Umstände schied Lukas vom gerührten Sohne, um die Kabelschen Erbstücke, den Garten und das Wäldchen vor dem Thore und das verlorne Haus in der Hundgasse so lange zu besehen, bis der Rathschreiber den letzten Willen mochte abgeschrieben haben.

Gottwalt schöpfte wieder Frühling-Athem, als er die Rathstube wie ein enges dumpfiges Winterhaus voll finsterer Blumen aus Eis verlassen hatte; so vieles hatt' ihn bedrängt; er hatte der unreinen Mimik des Hund- und Heißhungers gemeiner Welt-Herzen zuschauen und sich verhaßt und verworren sehen müssen — die Erbschaft hatte, wie ein Berg, die bisher von der Ferne und der Phantasie versteckten und gefüllten Gräben und

Thäler jetzt in der Nähe aufgedeckt und sich selber weiter hinausgerückt — der Bruder und der Doppelroman hatten unaufhörlich ihm in die enge Welt hinein, die Zeichen einer unendlichen gegeben und ihn gelockt, wie den Gefangenen blühende Zweige und Schmetterlinge, die sich außen vor seinen Gittern bewegen.

Der liebliche Jesuiterrausch, den jeder den ganzen ersten Tag in einer neuen großen Stadt im Kopfe hat, war in der Rathstube meistens verraucht. An der Wirthtafel, an der er sich einmiethete, kam unter der rauhen, ehelosen Zivil-Kaserne von Sachwaltern und Kanzellisten über seine Zunge, außer etwas weniges von einer geräucherten, nichts, kein warmer Bruder-Laut, den er hätte aussprechen oder erwiedern können. Den Bruder Vult wußt' er nicht zu finden; und am schönsten Tage blieb er daheim, damit ihn dieser nicht fehl gienge. In der Einsamkeit setzte er ein kleines Inserat für den Haslauer Krieg- und Frieden-Boten auf, worin er als Notarius anzeigte, wer und wo er sei; ferner einen kurzen, anonymen Streckvers für den Poeten-Winkel des Blattes — Poets corner — überschrieben
der Fremde.

v − − − vvvv − vv −, − v − v − v −,
− − − v − vv −, − v − v − v − v − v − vv −,
− − −, v − vv, − v − v − v − v −.

Gemein und dunkel wird oft die Seele verhüllt, die so rein und offen ist; so deckt graue Rinde das Eis, das zerschlagen, innen licht und hell und blau wie Aether erscheint. Bleib' euch stets die Hülle fremd, bleib' es euch nur der Verhüllte nicht.

* * *

Schwerlich werden einem Haßlauer Ohre von einiger Zärte die Härten dieses Verses — z. B. der Proceleusmatikus: kel wird oft die — der zweite Päon: die Hülle fremd — der Molossus: bleib' euch stets — entwischen; durfte aber nicht der Dichter seine Ideen-Kürze durch einige metrische Rauheit erkaufen? — Ich bemerke bei dieser Gelegenheit, daß es dem Dichter keinen Vortheil schafft, daß man seine Streck- und Einverse nicht als Eine Zeile drucken lassen kann; und es wäre zu wünschen, es gäbe dem Werke keinen lächerlichen Anstrich, wenn man aus demselben arm-lange Papierwickel wie Flughäute flattern ließe, die herausgeschlagen dem Kinde etwa wie ein Segelwerk von Wickelbändern säßen; aber ich glaube nicht, daß es Glück machte.

Darauf kaufte sich der Notar im Laden drei unbedeutende Visitenkarten, weil er glaubte, er müsse auf ihnen an die beiden Töchter und die Frau des Hauses seinen Namen abgeben; und gab sie ab. Als er eilig seine Inserate in der nahen Zeitungdruckerei ablieferte, fiel sein Auge erschreckend auf das neueste Wochenblatt, worin noch mit nassen Buchstaben stand:

"Das Flötenkonzert muß ich noch immer verschieben, weil ein schnell wachsendes Augenübel mir verbietet, Noten anzusehen.

J. van der Harnisch."

Welch' einen schweren Kummer trug er aus der Druckerei in sein Stübchen zurück! Auf den ganzen Frühling seiner Zukunft war tiefer Schnee gefallen, so bald sein freudiger Bruder die freudigen Augen verloren, die er an seiner Seite darauf werfen sollte. Er lief müßig im Zimmer auf und ab, und dachte nur an ihn.

Die Sonne stand schon gerade auf den Abendbergen und füllte das Zimmer mit Goldstaub; noch war der Geliebte unsichtbar, den er gestern von derselben Sonnenzeit erst wieder bekommen. Zuletzt fing er wie ein Kind zu weinen an, aus stürmischem Heimwehe nach ihm, zumal da er nicht einmal am Morgen hatte sagen können: guten Morgen und lebe wohl Vult! —

Da ging die Thüre auf und der festlich gekleidete Flötenist herein. O mein Bruder! rief Walt schmerzlich freudig. "Donner! leise, fluchte Vult leise, es geht hinter mir — nenne mich Sie!" — Flora kam nach. "Morgen Vormittag demnach, H. Notarius, fuhr Vult fort, wünsche ich, daß sie den Miethkontrakt zu Papier brächten. Tu parles françois, Monsieur?" — Misérablement, versetzte Walt, ou non. "Darum, Monsieur, komme ich so spät, erwiederte Vult, weil ich erstlich meine eigne Wohnung suchte und bezog und zweitens in einer und der andern fremden einsprach; denn wer in einer Stadt viele Bekanntschaften machen will, der thue es in den ersten Tagen, wo er einpassirt; da sucht man noch die seinige, um ihn nur überhaupt zu sehen; später, wenn man ihn hundertmal gesehen, ist man ein alter Häring, der zu lange in der aufgeschlagenen Tonne auf dem Markte blos gestanden."

"Gut, sagte Walt, aber mein ganzer Himmel fiel mir aus dem Herzen heraus, da ich vorhin in dem Wochenblatte die Augenkrankheit las" — und zog leise die Thüre des Schlafkämmerchens zu, worin Flora bettete. "Die Sache bleibt wohl die — fing Vult an und stieß kopfschüttelnd die Pforte wieder auf — "pudoris gratia factum est atque formositatis *), erwiederte

―――――
*) „Es geschah der Schamhaftigkeit und Wohlgestalt zu Liebe."

Walt auf das Schütteln — bleibt wohl die, sag' ich, was Sie auch mögen hier eingewendet haben, die, daß das deutsche Kunstpublikum sich in nichts inniger verbeißet als in Wunden oder in Metastasen. Ich meine aber weiter nichts als soviel: daß das Publikum z. B. einen Maler sehr gut bezahlt und rekommandirt, der aber etwa mit dem linken Fuße pinselte — oder einen Hornisten, der aber mit der Nase bliese — desgleichen einen Harfenirer, der mit beiden Zahnreihen griffe, — auch einen Poeten, der Verse machte, aber im Schlafe — und so demnach auch in etwas einen Flautotraversisten, der sonst gut pfiffe, aber doch den zweiten Vorzug Dulons hätte, stockblind zu sein. — Ich sagte noch Metastasen, nämlich musikalische. Ich gab einmal einem Fagotisten, und einem Bratschisten, die zusammen reiseten, den Rath, ihr Glück dadurch zu machen, daß der Fagotist sich auf dem Zettel anheischig machte, auf dem Fagot etwas Bratschen=Gleiches zu geben, und der andere, auf der Bratsch' so etwas vom Fagot. Ihr machts nur so, sagt' ich, daß ihr euch ein finsteres Zimmer wie die Mund=Harmoniker oder Lolli bedingt; da spiele denn jeder sein Instrument und geb' es für das fremde, so wie jener ein Pferd, das er mit dem Schwanze an die Krippe gebunden, als eine besondere Merkwürdigkeit sehen ließ, die den Kopf hinten trage. — Ich weiß aber nicht, ob sie es gethan."

Flora ging; und Vult fragte ihn, was er mit der Thürschließerei und dem Latein gewollt.

Gottwalt umarmte ihn erst recht als Bruder, und sagte dann, er sei nun so, daß er sich schäme und quäle, wenn er eine Schönheit wie Flora in die knechtischen Verhältnisse der Arbeit gestürzt und vergraben sehe;

eine niedrig handthierende Schönheit sei ihm eine welsche Madonna mitten auf einem niederländischen Gemälde. — "Oder jener Correggio, den man in Schweden an die königlichen Stallfenster annagelte als Stall-Gardine*) — sagte Vult — aber erzähle das Testament!"

Walt thats und vergaß etwa ein Drittel: "seit die poetischen Aethermühlflügel, die du Mühlenbaumeister angegeben, sich vor mir auf ihren Höhen regen, ist mir die Testamentsache schon sehr unscheinbar geworden" setzte er dazu. —

"Das ist mir gar nicht recht" versetzte Vult. Ich habe den ganzen heutigen Nachmittag auf eine ennuyante Weise lange schwere Dollonds und Reflektors gehalten, um die H. Akzessit-Erben von weitem zu sehen — so die meisten davon verdienen den Galgenstrang als Nabelschnur der zweiten Welt. Du bekommst warlich schwere Aufgaben durch sie." — Walt sah sehr ernsthaft aus. — "Denn, fuhr jener lustiger fort, erwägt man dein liebliches Nein und Adio, als Flora vorhin nach Befehlen fragte und ihr belvedere d. h. ihre bellevue von schönem Gesicht und dazu das enterbte Dieb- und Siebengestirn, das dir vielleicht bloß wegen der Klausel, die dich um ein Sechstel puncto Sexti zu strafen droht, eine Flora so nahe mag hergesetzt haben, die zu defloriren" — — —

"Bruder — unterbrach ihn der zorn- und schamrothe Jüngling und hoffte, eine ironische Frage zu thun — ist das die Sprache eines Weltmanns wie du?" — "Auch wollt' ich effleurer sagen statt deflorer, sagte Vult. O, reiner starker Freund, die Poesie ist ja doch

---

*) Winkelmann von der Nachahmung ꝛc.

ein Paar Schlittschuhe, womit man auf dem glatten reinen krystallenen Boden des Ideals leicht fliegt, aber miserabel forthumpelt auf gemeiner Gasse." Er brach ab und fragte nach der Ursache, warum er ihn vorhin so trauernd gefunden. Walt, jetzt zu verschämt, sein Sehnen zu bekennen, sagte blos, wie es gestern so schön gewesen und wie immer, so wie in andere Feste Krankheiten*) fallen, so in die heiligsten der Menschen Schmerzen, und wie ihm das Augenübel in der Zeitung wehe gethan, das er noch nicht recht verstehe.

Vult entdeckt' ihm den Plan, daß er nämlich vorhabe, so gesund auch sein Auge sei, es jeden Markttag ein Wochenblatt für kränker und zuletzt für stockblind auszurufen, und als ein blinder Mann ein Flötenkonzert zu geben, das eben so viele Zuschauer als Zuhörer anziehe. "Ich sehe, sagte Vult, du willst jetzt auf die Kanzeltreppe hinauf; aber predige nicht; die Menschen verdienen Betrug. — Gegen dich hingegen bin ich rein und offen, und deine Liebe gegen den Menschen lieb' ich etwas mehr als den Menschen selber. — "O wie darf denn ein Mensch so stolz sein und sich für den einzigen halten, dem allein die volle Wahrheit zufließe?" fragte Walt. — "Einen Menschen, versetzte Vult, muß jeder, der auf den Rest Dampf und Nebel losläßet, besitzen, einen Auserwählten, vor dem er Panzer und Brust aufmacht und sagt: guck' hinein. Der Glückliche bist nun du; blos weil du — so viel du auch, merk' ich, Welt hast, — doch im Ganzen ein frommer, fester Geselle bist, ein reiner Dichter und dabei mein Bruder, ja Zwilling und — so laß es dabei!" —

---

*) Weil die meisten Feste in große Wetter-Krisen treffen.

Walt wußte sich in keine Stelle so leicht und gut zu setzen als in die fremde; er sah der schönen Gestalt des Geliebten diese Sommersproßen und Hitzblattern des Reiselebens nach und glaubte, ein Schattenleben wie seines hätte Vulten diese vielfärbige moralische Nesselsucht gewiß erspart. Biß tief in die Nacht, brachten beide sie mit friedlichen Entwürfen und Gränzrezessen ihres Doppelromans zu und das ganze historische erste Viertel ihrer romantischen Himmelkugel stieg so hell am Horizonte empor, daß Walt den andern Tag weiter nichts brauchte, als Stuhl und Dinte und Papier und anzufangen. Froh sah er dem morgenden Sonntag entgegen; der Flötenist aber jenem Abend, wo er, wie er sagte, wie ein Finke geblendet pfeife.

Nro. 16. Bergguhr.

Sonntag eines Dichters.

Walt setzte sich schon im Bette auf, als die Spitzen der Abendberge und der Thürme dunkelroth vor der frühen Juli-Sonne standen, und verrichtete sein Morgengebet, worin er Gott für seine Zukunft dankte. Die Welt war noch leise, an den Gebirgen verlief das Nachtmeer still, ferne Entzückungen oder Paradiesvögel flogen stumm auf den Sonntag zu. Walt hätte sich gefürchtet, seine namenlose Wonne laut zu machen, wenns nicht vor Gott gewesen wäre. Er begann nun den Doppelroman. Es ist bekannt genug, daß unter allen Kapiteln keine seeliger geschrieben werden (auch oft gelesen) als das erste und dann das letzte, gleichsam auch ein Sonntag und ein Sonnabend. Besonders erfrischt' es ihn, daß er nun einmal ohne allen juristischen Gewissenbiß auf dem Parnas spazieren gehen durfte, und oben mit einer Muse spielen; indem er, hofft' er, gestern im juristischen Fache das Seinige gearbeitet, nämlich das Testament vernommen und erwogen. Da den Abend vorher war ausgemacht worden, daß der Held des Doppelromans einen langen Band hindurch sich nach nichts sehnen sollte, als blos nach einem Freunde, nicht nach einer Heldin: so ließ er ihn es zwei Stunden, oder im Buche selber so viele Jahre lang, wirklich thun; er selber aber sehnte sich auch mit und über die Maßen. Das Schmachten nach Freundschaft, dieser Doppelflöte des Lebens, holt' er ganz aus eigner Brust; denn der geliebte Bruder konnte ihm so wenig wie der geliebte Vater, einen Freund ersparen.

Oft sprang er auf, beschauete den duftigen goldhellen Morgen, öffnete das Fenster und segnete die ganze frohe Welt, vom Mädchen am Springbrunnen an bis zur lustigen Schwalbe im blauen Himmel. So rückt die Bergluft der eignen Dichtung alle Wesen näher an das Herz des Dichters und ihm, erhoben über das Leben, nähern die Lebendigen sich mehr und das Größte in seiner Brust befreundet ihn mit dem Kleinsten in der fremden. Fremde Dichtungen hingegen erheben den Leser allein, aber den Boden und die Nachbarschaft nicht mit.

Allmälig ließ ihn der Sonntag mit seinem Schwalbengeschrei, Kirchengeläute, seinen Ladendiener-Klopfwerken und Nach-Walkmühlen an Sonntagröcken in allen Korridoren schwer mehr sitzen; er sehnte sich nach einem und dem andern leibhaften Stral der Morgensonne, von welcher ihm in seinem Abendstübchen nichts zu Gesichte kam als der Tag. Nachdem lange der Schreibtisch und die sonnenhelle Natur ihre magnetischen Stäbe an ihn gehalten und er sich vergeblich zwei Ichs gewünscht, um mit dem einen spazieren zu gehen, während das andere mit der Feder saß: so verkehrte er dieses in jenes und trug die Brust voll Himmelluft und den Kopf voll Landschaften (Aurorens Goldwölkchen spielten ihm auf der Gasse noch um die Augen) über den frohen lauten Markt, und zog mit dem Viertel-Flügel der fürstlichen Kriegmacht fort, welcher blies und trommelte, und der Nikolaithurm warf dazu seine Blasemusik in die untere hinein, die mit ihr im verbotenen Grade der Sekunde verwandt wurde. Draußen vor dem Thore hörte er, daß das magische wie von Fernen kommende Freudengeschrei in seinem Innern von einem schwarzen fliegenden Corps oder Chor Kurrentschüler ausgesprochen wurde, das in der Vorstadt fugirte und schrie. Herrlich wiegte sich in bunter Fülle der van der Kabelsche Garten vor ihm, den er einmal erben konnte, wenn ers recht anfieng und recht ausmachte; er gieng aber verschämt nicht hinein, weil Menschen darin saßen, sondern erstieg das nahe Kabelsche Wäldchen auf dem Hügel.

Darinn saß er denn entzückt auf Glanz und Thau und sah gen Himmel und über die Erde. Allmählig sank er ins Vorträumen hinein — was so verschieden vom engern Nachträumen ist, da die Wirklichkeit dieses einzäunt, indeß der Spielplatz der Möglichkeit jenem frei liegt. Auf diesem heitern Spielplatze beschloß er das große Götterbild eines Freundes aufzurichten und solches ganz so zu meiseln — was er im Romane nicht gedurft — wie ers für sich brauchte. "Mein ewig theurer Freund, den ich einmal gewiß bekomme — sagt' er zu sich — ist göttlich, ein schöner Jüngling und dabei von Stande, etwa ein Erbprinz oder Graf; — und eben dadurch so zart ausgebildet für das Zarte. Im Gesicht hat er viel Römisches und Griechisches, eine klassische Nase aus deutscher Erde gegraben; aber er ist doch die mildeste Seele, nicht blos die feurigste, die ich je gefunden, weil er in der Eisen=Brust zur Wehre, ein Wachs=Herz zur Liebe trägt. So treuen, unbefleckten, starken Gemüths, mit großen Felsen=Kräften, gleich einer Bergreihe, nur gerade gehend — ein wahres philosophisches Genie oder auch ein militairisches oder ein diplomatisches — daher setzt er mich und viele eben in ein wahres Staunen, daß ihn Gedichte und Tonkunst entzücken bis zu Thränen. Anfangs scheute ich ordentlich den gerüsteten Krieggott; aber endlich einmal in einem Garten in der Frühling=Dämmerung oder weil er ein Gedicht über die Freundschaft der zurückgetretenen Zeiten hörte, über den griechischen Phalanx, der bis in den Tod kämpfte und liebte, über das deutsche Schutz= und Trutzbündniß befreundeter Männer; da greift ihm das Verlangen nach der Freundschaft wie ein Schmerz nach dem Herzen und er träumt sich seufzend eine Seele, die sich sehnet wie er. Wenn diese Seele — das Schicksal will, daß ichs sei — endlich neben seinen schönen Augen voll Thränen steht, alles recht gut erräth, ihm offen entgegenkommt, ihn ihre Liebe, ihre Wünsche, ihren guten Willen, die klare Quellen durchschauen lässet, gleichsam als wollte sie fragen, ist dir weniges genug: so könnt' es wol ein zweites gutes

Schicksal fügen, daß der Graf, gleich Gott alle Seelen liebend, auch wie ein Gott sich meine zum Sohne des Herzens erwählte, der dem Gotte dann gleich werden kann — daß dann wir beide in der hellsten Lebens=stunde einen Bund ewiger, starker, unverfälschter Liebe beschwüren".....

Den Traum durchriß ein schöner anger Jüngling, der in rother Uniform auf einem Engländer unten auf der Heerstraße vorüberflog, dem Stadtthore zu. Ein gut gekleideter Bettler lief mit dem offnen Hute ihm entgegen — dann ihm nach, dann voraus — der Jüng=ling kehrte das Roß um — der Bettler sich — und jetzt hielt jener in den Taschen suchend, den stolzen Waffentanz des schönen Rosses so lange auf, daß Walt ziemlich leicht die Melancholie auf dem prangenden Ge=sicht, wie Mondschein auf einem Frühling bemerken konnte, so wie einen solchen Stolz der Nase und der Augen, als könn' er die Siegeszeichen des Lebens ver=schenken. Der Jüngling warf dem Manne seine Uhr in den Hut, welche dieser lang an der Kette trug, in=dem er mit dem Danke dem Galoppe nachzukommen suchte.

Jetzt war der Notarius nicht mehr im Stande, eine Minute aus der Stadt zu bleiben, wohin der Reiter geflogen war, der ihm fast als der Freund, nämlich als der Gott vorkam, den er vorher im Traume mit den Abzeichen aller übrigen Götter (signis Pantheis) geputzet hatte. Befreunden — sagt' er zu sich, in sei=nem romantischen durch das Testament noch gestärkten Muthe, und auf sein liebe=quellendes Herz vertrauend — wollten wir uns leicht, falls wir uns erst hätten." — Er wäre gern zu seinem Bruder gegangen, um so=

wohl das dürstende Herz an dessen Brust zu kühlen, als ihn über den schönen Jüngling auszufragen; aber Vult hatte ihn gebeten, der Spionen wegen und besonders vor dem Blinden-Konzert den Besuch viel lieber anzunehmen als abzustatten.

Mitten aus dem heiligen Opferfeuer rief ihn der Hofagent Neupeter in seine dunkle Schreibstube hinein, damit er darin vor dem Essen einige Wechsel protestirte. Wie an einem Käfer, der erst vom Fluge gekommen, hiengen an ihm die Flügel noch lang unter den Flügeldecken heraus; aber er protestirte doch mit wahrer Lust, es war sein erster Notariat-Aktus; und — was ihm noch mehr galt — seine erste Dankhandlung gegen den Agenten. Nichts wurde ihm länger und lästiger als das erste Vierteljahr, worinn ein Mensch ihn beherbergte oder bediente oder beköstigte, blos weil ihm der Mensch so viele Dienste und Mühen vorschoß, ohne von ihm noch das Geringste zu ziehen. Er protestirte gut und sehr, mußte sich aber vom lächelnden Kaufmann den Monattag ausbitten, und war überhaupt kaum bei sich; denn immerhin komme ein Mensch mit der poetischen Luftkugel, die er durch Adler in alle helle Aetherräume hat reisen lassen, plötzlich unten auf der Erde an, so hängt er doch noch entzückt unter dem Stob und sieht verblüft umher.

Das war der Sonntag-Vormittag. Der Nachmittag schien sich anders anzufangen. Walt war von der hellen Wirthtafel — wo er mit seinem Puder und Nanking zwischen Atlas, Manchester, Lockzöpfen, Degen, Battist, Ringen und Federbüschen wettgeeifert und gespeiset hatte — in seine Schattenstube im völligen Sonntagputz zurückgegangen, den er nicht ausziehen konnte, weil eben der Putz in nichts als in einigem Puder bestand, womit er sich sonntäglich besäete. Sah er so weiß aus, so schmeckt' er freilich so gut als der Fürst, was sowol Sonntage heißen als Putz. Sogar dem Bettler bleibt stets der Himmel des Putzwerkes offen; denn das Glück weht ihm irgend einen Lappen zu, womit er sein größtes Loch zuflickt; dann schauet er neugeboren und aufgeblasen umher und bietet es still schlechterm perösen Bettel-Volk. Nur aber war der frohe Vorsatz, den ganzen Nachmittag seinem Kopfe und seinem Romane dichtend zu leben, jetzt über seine Kräfte, blos wegen des Sonntag-Schmuks; ein gepuderter Kopf arbeitet schwer. So müßte zum Beispiel gegenwärtiger Verfasser — steckte man ihn in dieser Minute zur Probe in Königmäntel, in Krönungstrümpfe, in Sporenstiefel, unter Churhüte — auf solche Weise verziert, die Feder weglegen und verstopft aufstehen, ohne den Nachmittag zu Ende gemalt zu haben; denn es geht gar nicht im herrlichsten Anzug; — ausgenommen allein bei dem verstorbenen Büffon, von welchem Madame Necker berichtet, daß er zuerst sich wie zur Galla und darauf erst seine Bemerkungen eingekleidet, um welche er als ein geputzter und putzender Kammerdiener herum gieng, indem er ihnen Vormittags die Nennwörter anzog, und Nachmittags die Beiwörter.

Den Notar störte außer dem Puder noch das Herz. Die Nachmittag-Sonne glitt jetzt herein und ihre Blicke sogen und zogen hinaus in die helle Welt, ins Freie; er bekam das Sonntag-Heimweh, was fast armen Teufeln mehr bekannt und beschwerlich ist, als reichen. Wie oft trug er in Leipzig an schönen Sonntagen die Vesper-Wehmuth durch die entvölkerten

Alleen um die Stadt! Nur erst Abends, wenn die Sonne und die Lust-Gäste heimgiengen, wurd' ihm wieder besser. Ich habe geplagte Kammerjungfern gekannt, welche im Stande waren, wöchentlich siebenthalbe Tage zu lachen und zu springen, nur aber Sonntags nach dem Essen unmöglich; das Herz und das Leben wurd' ihnen Nachmittags zu schwer, sie strichen so lange in ihrer unbekannten kleinen Vergangenheit herum, bis sie darinn auf irgend ein dunkles Plätzchen stießen, etwan auf ein altes niedriges Grab, worauf sie sich setzten, um sich auszuweinen, bis die Herrschaft wieder kam. Gräfin, Baronesse, Fürstin, Mulattin, Holländerin oder Freiin, die du nach weiblicher Weise immer noch herrischer gegen die Sklavin bist als gegen den Sklaven — sei das doch Sonntags nach dem Essen nicht! Die Leute in deinem Dienste sind arme Landteufel, für welche der Sonntag, der in großen Städten, in der großen Welt und auf großen Reisen gar nicht zu haben ist, sonst ein Ruhetag war, als sie noch glücklicher waren, nämlich noch Kinder. Gerne werden sie, ohne etwas zu wünschen, leer und trocken bei deinen Hoffesten, Hochzeit- und Leichenfesten stehen, und die Teller und die Kleider halten; aber an dem Sonntage, dem Volk- und Menschenfest, auf das alle Wochen-Hoffnungen zielen, glauben die Armen, daß ihnen irgend eine Freude der Erde gebühre, da ihnen zumal die Kinderzeit einfallen muß, wo sie an diesem Bundesfeste der Lust wirklich etwas hatten, keine Schulstunde — schöne Kleider — spaßhafte Eltern — Spielkinder — Abendbraten — grünende Wiesen und einen Spaziergang, wo gesellige Freiheit dem frischen Herzen die frische Welt ausschmückte. Liebe Freiin! wenn dann am

Sonntage, wo gedachte Person weniger in der Arbeit, der Lethe des Lebens, watet, das jetzige dumpfe Leben sie erstickend umfängt, und ihr über die Unfruchtbarkeit der tauben Gegenwart die helle Kinderzeit, die ja allen Menschen einerlei Eden verheißet, mit süßen Klängen wie neu h'rüber kommt: dann strafe die armen Thränen nicht, sondern entlasse die Sehnsüchtige etwa bis Sonnenuntergang aus deinem Schlosse! —

Als der Notar sich noch sehnte, stürmte lustig Vult herein, den Mittagwein im Kopf, ein schwarzes Seidenband um Ein Auge, mit offenem Hals und losem Haar und fragte, warum er noch zu Hause sitze, und wie viel er Vormittags geschrieben? Walt gab es ihm. Als er's durch hatte, sagte er: "Du bist ja des Teufels, Götterchen, und ein Engel im Schreiben. So fahre fort! — Ich habe auch, (fuhr er mit kälterer Stimme fort und zog das Manuskript aus der Tasche) diesen Morgen in unsern Hoppelpoppel oder das Herz gearbeitet, und darin ausgeschwelft, so viel als nöthig für ein erstes Kapitel. Ich will dir den Schwanzstern (so nenn' ich jede Digression) halb vorsagen — wenn du mich nur, o Gott, mehr zu goutieren wüßtest! nicht vorlesen, denn eben darum! Ich fahre im Schwanzstern besonders wild auf die jungen Schreiber los, die von dir abweichen und in ihren Romanen die arme Freundschaft nur als Thür- und Degengriff der Liebe vornen an diese so unnütz anbringen, wie den Kalender und das genealogische Verzeichniß der regierenden Häupter vornen an die Blumenlesen. Der Spitzbube, der Kränkling von Schwächling von Helden will nämlich auf den ersten Paar Bogen sich stellen, als seufz' er ziemlich nach einem Freunde als Klaffe auf sein Herz nach einer Unendlichkeit — schreibt sogar das Sehnen nach einem Freund, wenns Werk in Briefen ist, an einen, den er schon hat zum Epistolieren — ja er verräth noch Schmachtungen nach der zweiten Welt und Kunst; — kaum aber ersieht und erwischt die Bestie ihr Mädchen (der Operngucker sieht immer nach dem Freunde hin) so hat sie satt und das Ihrige; wiewol der Freund noch elendiglich mehrere Bogen nebenher mitstapeln muß bis zu dem Bogen Ir, auf welchem dem geliebten Freunde wegen einer Treulosigkeit des Mädchens frei gesagt wird, es gebe auf der Erde kein Herz, keine Tugend und gar nichts. Hier spei' ich, Bruder, auf das schreibende Publikum Feuer; Spitzbube, so rede ich im Schwanzstern an, Walt, Spitzbube, sei wenigstens ehrlich und thue dann, was du willst; da doch dein Unterschied zwischen einem Freund und einem Liebhaber nur der zwischen einem Sau- und einem Hund-Igel ist." — —

Hier sah Vult lange das Papier, dann Walten an. "Der ist aber?" fragte dieser. — "So fragt auch mein Schwanzstern, sagte jener. Keiner nämlich. — Denn es gibt eben keine Schwein-Igel nach Bechstein*), sondern, was man dafür nahm, waren Weibchen oder Jungen. Mit den Schwein-Dachsen ists eben so. Was hilfts, ihr romantischen Autoren, (las Vult weiter und sah immer vom Papier weg, um das Komische mehr zu sagen als, weil ers wenig konnte, vorzulesen) daß ihr eure unterirdische Blattseite gegen den Himmel aufstülpet? Sie dreht sich wieder um; wie an Glastafeln, wird nur euere, der Erde zugekehrte Seite bethauet; wie an elektrischen Katzen, müsset ihr vorher

---

*) Dessen Naturgeschichte Teutschlands I. Bd. 2te Auflage.

aus eurem Bürzel einen Funken locken, bevor ihr einen aus dem Kopfe wieder bekommt und vice versa. Seid des Teufels lebendig; aber nur offen; liebt entsetzlich, denn das kann jedes Thier und jedes Mädchen, das sich deshalb für eine Edle, eine Dichterin und einen Welt-Solitaire ansieht — aber befreundet euch nicht, was ja an lebendem Vieh so selten ist wie bei euch. Denn ihr habt nie aus Johann Müllers Briefen oder aus dem alten Testament oder aus den Alten gelernt, was heilige Freundschaft ist und ihr hoher Unterschied von Liebe, und daß es das Trachten — nicht eines Halbgeistes nach einer ehelichen oder sonstigen Hälfte sondern — eines Ganzen nach einem Ganzen, eines Bruders nach einem Bruder, eines Gottes nach einem Universum ist, mehr um zu schaffen und dann zu lieben, als um zu lieben und dann zu schaffen..... Und so geht denn der Schwanzstern weiter" beschloß Vult, der sich nicht erwehren konnte, ein wenig die Hand des Bruders zu drücken, dessen voriges Freundschaft-Kapitel ordentlich wie helles, warmes, angebornes Blut in sein Herz gelaufen war.

Walt schien davon entzückt zu sein, fragte aber, ob nicht auch oft die Freundschaft nach der Liebe und Ehe komme oft sogar für dieselbe Person — ob nicht der treueste Liebhaber eben darum der treueste Freund sei — ob nicht die Liebe mehr romantische Poesie habe als die Freundschaft — ob jene am Ende nicht in die gegen Kinder übergehe — ob er nicht fast hart mit seinen Bildern sei; — und noch mehr wollte Gottwalt lindern und schlichten. Aber Vult fuhr auf sowol aus voriger Rührung als aus Erwartung eines viel weniger bedingten Lobes, hielt sich die Ohren vor Rechtfertigungen der Menschen zu und klagte: er sehe nun gar zu gut voraus, wie ihm künftig Walt eine Erbosung nach der andern versalzen werde durch sein Ueberzuckern; beifügend, in ihrem "Hoppelpoppel oder das Herz" gewännen ja eben die süßen Darstellungen am meisten durch die schärfsten, und gerade hinter dem scharfen Fingernagel liege das weichste empfindsamste Fleisch; "aber, fuhr er fort, von etwas angenehmeren, von den 7 Erb-Dieben, wobei ich mir wieder deinetwegen Mühe gegeben! Ich muß etwas bei dir sitzen."

"Noch etwas angenehmes vorher" versetzte Walt und schilderte ihm den rothen götterschönen Jüngling, und daß solcher wie ein Donnergott auf einem Sturmvogel, zwischen Aurora und Iris gezogen, und unter dem blauen Himmel wie durch eine Ehrenpforte geritten wäre. "Ach nur seine Hand, endigte er, wenn ich sie je anrühren könnte, dacht' ich heute zumal nach dem Freundschaftkapitel. O kennst du ihn?"

"Kenn' ihn so nicht, deinen Donner- und Wetter — — Gott (sagte Vult kühl und nahm Stock und Hut). Verschimmle nur nicht in deinem Storchnest — lauf hinaus ins Rosenthal wie ich, wo du alle Haslauer beau monde's-Rudel mit Einem Sau-Garn überziehen und fangen kannst, und ihn mit. Vielleicht jag' ich darunter den gedachten Donnergott auf — möglich ist's der Graf Klothar — Nein Freund, ich gehe absichtlich ohne dich; auch thu' überhaupt nicht draußen, als ob du mich sonderlich kenntest, falls ich etwa zu nahe vor dir vorüber gehen sollte vor Augen-Schwäche; denn nach gerade muß ich mich blind machen, ich meine die Leute. Adio!"

10 *

Nro. 17. Rosenholz.

Rosenthal.

In drei Minuten stand der Notar, dem Bults Verstimmung entgangen war, freudig auf dem grünen Wege nach dem Haslauer Rosenthale, das sich vom schönen Leipziger besonders dadurch unterscheidet, daß es so wohl Rosen hat als auch ein Thal und daher mehr der Fantaisie bei Bayreuth ähnlich ist, die blos die Zuckerbäcker-Arabesken und Phantasie-Blumen und Prunk-Pfähle vor ihm voraus hat. Aus der Stadt zog er eigentlich kaum, denn er fand die halbe unterwegs; und alle seine Seelen-Winkel wurden voll Sonnenlicht bei dem Gedanken, so mit zu gehen unter Leuten, die mitgehen, mitfahren, mitreiten. Rechts und links standen die Wiesen, die wallenden Felder und der Sommer. Aus der Stadt lief das Nachmittag-Geläute der Kirche in die grüne warme Welt heraus, und er dachte sich hinein, wie jetzt die Kirchengänger sich heraus denken und ihn und das freie luftige Leben göttlich finden würden in den schmalen, kalten, steinernen Kirchen auf langen leeren Bänken einzeln schreiend, mit schönen breiten Sonnenstreifen auf den Schenkeln und mit der Hoffnung, nach der Kirche nachzumarschiren so schnell als möglich.

Die Zughäring-Heerde von Menschen legte sich in die Bucht des Rosenthals an. Die Laubbäume thaten sich auf und zeigten ihm die glänzende offne Tafel des July Sonntags, die aus einbeinigen Täfelchen unter

Bäumen bestand — "köstlich, sagte der Notar zu sich, ist doch warlich das allgemeine Sesselholen, Zeltaufschlagen, Rennen grüner Läuferschürzen, Weglegen der Schauls und Stöcke, Ausziehen der Körke, und Wählen eines Tischchens, die stolzen Federhüte zwischen durch die Kinder im Grase, die Musikanten hinten, die gewiß gleich anfangen, die warmblühenden Mädchen-Stirnen, die durchschimmernden Gartenrosen unter den weißen Schleiern, die Arbeitbeutel, die Goldanker und Kreuze und andere Gehenke auf ihren Hälsen, und die Pracht und die Hoffnung und daß noch immer mehr Leute nachströmen — — O ihr lieben Menschen, macht euch nur recht viel Lust, wünsch' ich!" —

Er selber setzte sich an ein einsames Tischchen, um kein geselliges zu stören. Vom Zuckerguß seines stillen Vergnügtseins fest überlegt saß er daran, sich erfreuend, daß jetzt fast in ganz Europa Sonn- und Lusttag sei, und nichts begehrend als neue Köpfe, weil er jeden zwischen die Augen nahm, um auszufühlen, ob er dem rothen Jüngling angehöre, wornach seiner Seele alle ihre Blütenblätter standen.

Ein Geistlicher spazierte vorüber, vor dem er sitzend den Hut abnahm, weil er glaubte, daß Priester, gewohnt durch ihre Rockfarbe jeden Hut zu bewegen auf dem Lande, jedesmal Schmerzen in der Stadt empfinden müßten, wenn ein ganz fester vorbei gienge. Der Geistliche sah ihn scharf an, fand aber, daß er ihn nicht kenne. Jetzt trabten zwei Reiter heran, von welchen der ein wenig zu leben hatte, der andere aber nichts, Bult und Flitte.

Der Elsasser tanzte reichgekleidet und lustig — obgleich seine te deum laudamus in laus deo bestanden —

nach seinem eignen Gesang vom Steigbügel unter seine Bekanntschaften, d. h. sämmtliche Anwesende hinein; geliebt von jedem, dem er nichts schuldig war. Er überstand lustig eine kurze Aufmerksamkeit auf sich als den Menschen, der die Kabelsche Erbportion eingebüßet, welche er schon als Faustpfand so oft wie den Reliquienkopf eines Heiligen vervielfacht unter seine Gläubiger vertheilt hatte, weil das marseillische Schiff, worauf er eine große eben so oft verpfändete Dividende hatte, jedem zu lange ausblieb. Walt wunderte und freute sich, daß der singende Tänzer, der alle Weiber grüßte, der kühn ihre Fächer und Sonnenschirme und Armband-Medaillons handhabte und kühner die Häng-Medaillen und Häng-Uhren von jeder weißen Brust mit den Fingern ans Auge erhob, sich gerade vor den Tisch der drei häßlichsten postierte, denen er Wasser und Aufwärter holte, sogar schöne Gespielinnen. Es waren die 3 Neupeterischen Damen, bei welchen Gottwalt gestern drei Visitenkarten abgegeben. Der Elsasser machte in kurzem umherlaufend das ganze Rosenthal mit dem dort sitzenden Nanking bekannt, der den alten Kabel beerbte; aber Walt, zu aufmerksam auf andere und zu wenig sich voraussetzend, entging durch sein menschenfreundliches Träumen dem Mißvergnügen, das allgemeine Schielen zu sehen. — Zuletzt trat Flitte gar zu ihm, und verrieth durch einen Gruß ihn der Kaufmannschaft. Unter allen 7 Erben schien der lustige Bettler gerade am wenigsten erbittert auf Walten zu sein; auch dieser gewann ihn herzlich lieb, da er zuerst den Spielteller dem Musikanten nahm, belegte und herum trug, und gern hätt' er ihm ein großes Stück der Erbportion oder des Testaments zum Lohne mit darauf geworfen.

Der Notar war besonders auf die feinste Lebensart seines Bruders neugierig. Diese bestand aber darin, daß er sich um nichts bekümmerte, sondern auswärts that, als sitz' er warm zu Hause, und es gebe keine Fremden auf der Welt. Sollt' es nicht einige Verachtung oder Härte anzeigen, dachte Walt, durchaus keine fremde erste Stunde anzuerkennen, sondern nur eine vertraute zweite, zehnte ꝛc.? — Dabei machte Vult das ruhigste Gesicht von der Welt vor je dem schönsten, trat sehr nahe an dieses, klagte, sein Auge komme täglich mehr herunter und blickte (als Schein-Myops) unbeschreiblich kalt an, und weg, als sitze die Physiognomie verblasen zu einem gestaltlosen Nebel an einer Bergspitze hängend vor ihm da. Sehr fiel dem Notarius — welcher glaubte, auch gesehen zu haben in Leipzig in Rudolphs Garten, was feinste Sitten und Menschen sind, und mit welchen forcierten Märschen junge männliche Kaufmannschaft weibliche bedient und bezaubert, gleichsam willige Kartesianische Täucherlein, die der Damenfinger auf und nieder springen lässet — sehr fiel ihm Vults männliche Ruhe auf, bis er zuletzt gar seine Desinizion des Anstands änderte und sich folgende für den „Hoppelpoppel" aus dem weltgewandten Bruder abzog: „Körperlicher Anstand ist kleinste Bewegung; nämlich ein halber Schritt oder schwacher Ausbug statt eines Gemsensprunges — ein mäßiger Bogen des Ellenbogens statt einer ausgereckten spitzen Fechter-Tangente, das ist die Manier, woran ich den Weltmann erprobe." —

Zuletzt wurde der Notar auch keck, und voll Welt und Lebensart und stand auf mit dem Vorsatz, wacker hin und her zu spazieren. Er konnte so zuweilen ein Wort seines Bruders von der Seite wegschnappen; und besonders irgendwo den rothen Liebling des Morgens auffischen. Die Musik, welche die Dienste des Vogelgesangs that eben durch Unbedeutsamkeit, schwemmte ihn über manche Klippe hinüber. Aber welche Flora von Honorazioren! Er genoß jetzt das stille Glück, das er oft gewünscht, den Hut abzuziehen vor mehr als einem Bekannten, vor Neupeter et Compagnie, die ihm kaum dankten; und er konnte sich nicht enthalten, manche frohe Vergleichungen seiner jetzigen lachenden Lage im Haßlauer Rosenthal mit seiner sonstigen anonymen im Leipziger anzustellen, wo ihn außer den wenigen, die er nicht richtig bezahlen konnte, fast keine Katze kannte. Wie oft war er in jener unbekannten Zeit versucht, öffentlich auf Einem Beine zu tanzen, oder auch mit zwei zinnernen Kaffeekannen in der Hand, oder geradezu eine Flammen-Rede über Himmel und Erde zu halten, um nur Seelen-Bekannte sich ans Herz zu holen! — So sehr setzt der Mensch — der älter kaum bedeutenden Menschen und Büchern zuläuft — jünger schon bloß neuen Leuten und Werken feurig nach.

Mit Freuden bemerkt' er im Gehen, wie Vult in seine Ruhe und Würde so viel insinuante Verbindlichkeit, und in sein Gespräch so viele selber an Ort und Stelle geerndete Kenntnisse von Europens Bilderkabinetten, Künstlern, berühmten Leuten und öffentlichen Plätzen zu legen wußte, daß er wirklich bezauberte; worin ihn freilich seine Verbindung mit seinen schwarzen Augen (darin bestand besonders seine schwarze Kunst bei Weibern) und wieder die Kälte, welche imponiert (Wasser gefriere sich immer erhoben) sichtbar unterstützte. Eine alte Hofdame des regierenden Häuschens von Haßlau wollte schwer von ihm weg; und bedeutende Herren befragten ihn. — Aber er hatte den Fehler, nichts so sehr zu lieben — das Bezaubern ausgenommen — als Entzaubern darauf, und besonders die Sucht, Weiber, wie ein elektrisirter Körper leichte Sachen, anzuziehen, um sie abzustoßen. Walt mußte über Vults Einfälle über Weiber bei Weibern selber erstaunen; denn er konnte im Vorübergehen recht gut vernehmen, daß Vult sagte: sie kehrten stets im Leben und sonst, wie an ihren Fächern, gerade die reichste bemalte Fläche andern zu und behielten die leere — und mehr dergleichen, als z. B.: sie machten, wie man die Coeurs auf Karten zu Gesichtern mit malerischer Spielerei umgewandelt, wieder leicht aus ihrem und einem fremden Gesicht ein Coeur — oder auch: die rechte poetische, aber spitzbübische Art der Männer, sie zu interessiren, sei, ihnen immer die geistige Vergangenheit, ihre Lieblingin, vortönen zu lassen, als z. B. welche Träume vergangen, und wie sich sonst das Herz gesehnt u. s. w., das sei die kleine Sourdine, die man in die Weite des Waldhorns stecke, dessen nahes Blasen dann wie fernes Echo klinge.

"Sie pfeifen auf der Flöte?" sagte die Hofagentin Neupeter. Er zog die Ansätze und Mittelstücke aus der Tasche und wies alles vor. Ihre beiden häßlichen Töchter, und fremde schöne baten um einige Stücke und Griffe. Er steckte aber die Ansätze kalt ein und verwies bittend auf sein Konzert. "Sie geben wol Stunden?" fragte die Agentin. "Nur schriftliche" versetzt' er, da ich bald da, bald dort bin. Denn längst ließ ich in den Reichs-Anzeiger folgendes setzen:

"Endes Unterschriebener kündigt an, daß er in portofreien Briefen — die ausgenommen die er selber schreibt — allen, die sich darin an ihn wenden, Unterricht auf der herrlichen Flüte traversiere (sie hier zu loben, ist wol unnöthig) zu geben verspricht. Wie die Finger zu setzen, die Löcher zu greifen, die Noten zu lesen, die Töne zu halten, will er brieflich posttäglich mittheilen. Fehler, die man ihm schreibt, wird er im nächsten Briefe verbessern."

"Unten stand mein Name. Gleicher Weise kegle ich auch in Briefen mit einem sehr eingezognen Bischoff (ich wollt', ich könnt' ihn nennen); wir schreiben uns, redlicher vielleicht als Forstbeamte, wie viel Holz jeder gemacht; der andere stellt und legt seine Kegel genau nach dem Briefe und schiebt dann seiner Seits."

Die Haslauer mußten lachen, ob sie gleich ihm glaubten; aber die Agentin strich sich mit innerer Hand so roth als einen Postwagen, dessen Stöße Hr. Peter Neupeter am besten kannte, an und fragte die Töchter nach Thee. Das Kirwanenthee-Kästchen war vergessen. Flitte war froh, sagte, er sitze auf nach dem Kästchen, hoffe es in fünf Minuten aus der Stadt herzureiten und sollte sein Gaul fallen — d. h. der geborgte, denn sein Zutritt in allen Häusern war auch einer in allen Ställen — und er denke sogar noch dem H. van der Harnisch eine bewährte Staarbrille mitzubringen. Vult behandelte, glaubte Walt, das Anerbieten und das Männchen etwas zu stolz.

Wirklich kam Flitte nach 7 Minuten zurückgesprengt, ohne Staarbrille — denn er hatte sie nur versprochen — aber mit dem Neupeterischen Thee-Kästchen von Mahagony, dessen Deckel einen Spiegel mit der Thee-Doublette aufschlug.

Plötzlich fuhr Vult, als aus dem sogenannten Poetengange des Rosenthals, eine reiche rothe Uniform mit rundem Hut heraustrat, auf den spazierenden Notarius los — that kurzsichtig, als glaub' er ihn zu kennen — fragte ihn unter vielen Komplimenten leise, ob jener rothe Bediente des Grafen von Klothar der bewußte sei — entschuldigte sich nach dem Kopfschütteln des bestürzten Notars laut mit seinem Kurzblicke der jetzt Bekannte und Unbekannte durch einander werfe und setzte hinzu: "verzeihen Sie einem Halbblinden, ich hielt Sie für den Herrn Waldherrn Pamsen aus Hamburg, meinen Intimen — und ließ ihn in Bewußtseyn einer Verlegenheit, deren Quelle der redliche Notar nicht in seiner Wahrhaftigkeit suchte, sondern in seinem Mangel an Reisen, die immer das Hölzerne aus den Menschen nehmen, wie die Versetzungen das Holzige aus den Kohlrüben.

Jetzt trat nach dem dienerischen Abendrothe der Aurora, hinter welcher der Notar seine Lebenssonne finden wollte, wirklich der Reiter des Morgens im blauen Ueberrock, aber mit Federbusch und Ordenstern aus dem dichten Laubholze heraus sammt Gesprächen mit einem fremden Herrn. Der Flötenspieler brauchte bloß auf einen brennenden Blick des Notars seinen kalten zu werfen, um fest zu wissen, daß der Morgen-Mann dem Feuer-Herzen des Bruders wieder erschieße, den er nur aus Ironie mit der Verwechslung des rothen Bedienten mit dem blauen Herrn geneckt. Walt ging ihm entgegen; in der Nähe erschien diesem der Musengott seiner Gefühle noch länger, blühender, edler. Unwillkürlich nahm er den Hut ab; der vornehme Jüngling dankte stumm fragend und setzte sich ans erste beste Tischchen, ohne durch den Sprungfertigen Rothrock etwas zu fordern. Der Notar ging auf und ab, um, wie er hoffte, vielleicht unter das Füllhorn der Reden zu kommen, das der schöne Jüngling über den Begleiter goß. Wenn auch . . . . (fing der Jüngling an, und der Wind wehte das Hauptwort Bücher weg,) nicht gut oder schlecht machen, besser oder schlechter machen sie doch." Wie rührend und nur aus dem Innersten in das Innerste dringend, klang ihm diese Stimme, welche des schönen wehmüthigen Flors um das Angesicht würdig war! — Darauf versetzte der andere Herr: die Dichtkunst führt ihre Inhaber zu keinem bestimmten menschlichen Charakter; wie Kunstpferde machen sie Küssen und Todtstellen und Complimentiren und andere fremde Künste nach; sind aber nicht die dauerhaftesten Pferde zum Marsch." — Das Gespräch war offenbar im Poetengange aufgewachsen.

"Ich bin gar nicht in Abrede — versetzte der blaue Jüngling ruhig ohne alle Gestus und Gottwalt gieng immer schneller und öfter vorüber, um ihn zu hören — sondern vielmehr in der Meinung, daß jede, auch willkührliche Wissenschaft, dergleichen Theologie, Jurisprudenz, Wappenkunde und andere sind, eine ganz neue aber feste Seite an den Menschen oder der Menschheit nicht nur zeige, auch wirklich hervor bringe. Aber desto besser! Der Staat macht den Menschen nur einseitig und folglich einförmig. Der Dichter sollte also, wenn er könnte, alle Wissenschaften d. h. alle Einseitigkeiten in sich senden; alle sind dann Vielseitigkeit; denn er allein ist ja der einzige im Staat, der die Einseitigkeiten unter Einen Gesichtpunkt zu fassen Ruf und Kräfte hat, und sie höher verknüpfen und durch loses Schweben alles überblicken kann."

"Ganz evident, sagte der Fremde, ist mir das

nicht." — "Ich will ein Beispiel geben, versetzte der Graf Lothar. Im ganzen mineralogischen, atomistischen todten Reiche der Kryſtalliſazion herrſchet nur die gerade Linie, der ſcharfe Winkel, das Eck; hingegen im dynamiſchen Reiche von den Pflanzen bis zu den Menſchen regiert der Zirkel, die Kugel, die Walze, die Schönheitwelle! Der Staat, Sir, und die poſitive Wiſſenſchaft wollen nur, daß ſein Arſenik, ſeine Salze, ſein Demant, ſein Uranmetall in platten Tafeln, Prismen, langrautigen Parallelepipedis u. ſ. w. anſchießen, um leichter eingemauert zu werden. Hingegen die organiſirende Kraft, eben darum die iſolirende, will das nicht, das ganze Weſen will kein Stück ſein; es lebt von ſich und von der ganzen Welt. So iſt die Kunſt; ſie ſucht die beweglichſte und vollſte Form und iſt, wie ſonſt Gott, nur wie ein Zirkel oder ein Augapfel abzubilden."

Aber der Notar zwang ihn aufzuhören. — Er hatte ſich darüber Skrupel gemacht, daß er ſo im Auf- und Abſchleichen die obwol lauten Meinungen des edeln Jünglings heimlich weghorche; daher lehnt' er ſich aus Gewiſſen an einen Baum, und ſah unter dem Hören dem Blaurock deutlich ins Geſicht, um ihm anzuzeigen, daß er aufpaſſe. Aber den Jüngling verdroß es und er verließ den Tiſch.

Herzlich wünſchte der nachgehende Notar den Flötenisten herbei, um durch ihn mehr hinter den Donnergott zu kommen. Zum Glücke theilte und durchſchnitt der Graf einen bunten Menſchen-Klumpen, der ſich um ein Kunſtwerk anſetzte. Es war ein Knabenhohes und langes Kauffartheiſchiff, womit ein armer Kerl auf der Achſe zu Lande gieng, um mit dieſem Weberſchiffchen die Fäden seines hungrigen Lebens zu durchschießen und zusammen zu halten. Als der Notar sah, daß der Jüngling sich ans Fahrzeug und Nothruder der Menschen stellte, drang er ihm nach, um dicht neben ihm zu halten. Der Schiffpatron sang sein altes Lied von den Schifftheilen, den Masten, Stengen, Reen, Segeln „und Touw=Werk" ab. „Das muß ihm Hund-langweilig werden, es täglich wiederholen" sagte der Herr zum Grafen.

„Es folgen sich, versetzte dieser mit einigem Lehrtone, in jeder Sache, die man täglich treibt, drei Perioden, in der ersten ist sie neu, in der nächsten alt und langweilig, in der dritten keines von beiden, sondern gewohnt."

Hier kam Vult. Der Notar gab ihm durch Winke die entbehrliche Nachricht des Funds. Aber, Patron, sagte der Graf zum Schiffherrn, die Brassen der Fock=Ree müssen ja mitten von dem großen Stag an nach den Schinkel Blocken laufen, dann sieben oder sechs Fuß tiefer nach dem großen Stag durch die Blocke und so weiter nach dem Verdeck. Und wo habt Ihr denn den Vor=Teckel, die Schoten des Vor=Mars=Segels, die Gy=Touwen des Bezaan=Segels und das Fall von dem Seyn?" — Hier ließ der Graf verachtend den Schiffer, der seinen Mangel durch Bewunderung fremder Kenntniß verkleistern wollte in einer zweiten aufrichtigern über eine Geld=Fracht stehen, dergleichen ihm sein Proviantschiff und Brodwagen noch nie aus den beiden Indien des Adel= und des Bürgerstandes zugefahren.

Walt auch in einem süßen Erstaunen über die nautischen Einsichten bei so viel philosophischen — ließ den blauen stolzen Jüngling schwer durchpassiren und sich von ihm statt an die Brust doch recht an die Seite so lange drücken, daß der Blaurock ziemlich ernsthaft ihn ansah. Vult war verschwunden. Der Jüngling flog bald mit seinem Bedienten auf schönen Pferden davon. Aber der Notarius blieb als ein Seliger in diesem Josaphat=Thal zurück, ein geheimer stiller Bacchant des Herzens. "Das ist ja gerade der Mensch, sagt' er heftig, den du feurig wolltest, so jung, so blühend, so edel, so stolz — höchst wahrscheinlich ein Engländer, weil er Philosophie und Schiffbau und Poesie wie drei Kronen trägt. Lieber Jüngling, wie kannst du nicht geliebt werden, wenn du es verstattest!"

Jetzt verschüttete die Abendsonne unter ihre Rosen das Thal. Die Musikanten schwiegen, von dem Spielteller das Silber speisend, der umgelaufen war. Die Menschen zogen nach Hause. Der Notarius ging noch eilig um vier leere Tische, woran holde Mädchen gesessen, blos um die Freude einer solchen Tischnachbarschaft mitzunehmen. Er wurde nun im langsamen Strome ein Tropfen, aber ein rosenrother heller, der ein Abendroth und eine Sonne auffaßte und trug. "Bald, sagt' er sich, als er die drei Stadtthürme sah, an welchen das Abendgold herunter schmolz, erfahr' ich von meinem Vult, wer er ist und wo — und dann wird mir ihn Gott wohl schenken." Wie liebt er alle Jünglinge auf dem Wege, blos des blauen wegen! "Warum liebt man, sagt' er zu sich, nur Kinder, nicht Jünglinge, gleichsam als wären diese nicht eben so unschuldig?" — Ungemein gefiel ihm der Sonntag, worin jeder sich schon durch den Anzug poetisch fühlte. Die erhitzten Herren trugen Hüte in Händen und sprachen laut. Die Hunde liefen lustig und ohne scharfe Befehle. Ein Postzug Kinder hatte sich vor eine volle Kinder-kutsche gespannt und Pferde und Passagiere waren sehr gut angezogen. Ein Soldat mit dem Gewehr auf der Achsel führte sein Söhnchen nach Hause. Einer führte seinen Hund an seinem rothseidenen Halstuch. Viele Menschen giengen Hand in Hand und Walt begriff nicht, wie manche Fußgänger solche Finger-Paare und Liebes-Ketten trennen konnten, um nur gerade zu gehen; denn er gieng gern herum. Sehr erfreut' es ihn, daß sogar gemeine Mägde etwas vom Jahrhundert hatten, und ihre Schürzen so weit und griechisch in die Höhe ban-den, daß ein geringer Unterschied zwischen ihnen und den vornehmsten Herrschaften verblieb. Nahe um die Stadt unter dem ersten Thore rasete die Schuljugend, ja ein gedachtes Mädchen gab der herrischen Schildwache einen Blumenstrauß keck neben das Gewehr — und so schien dem Notar die ganze Welt so tief in die Abend-röthe geworfen, daß die Rosenwolken herrlich wie Blu-men und Wogen in die Welt hineinschlugen.